墨香财经学术文库



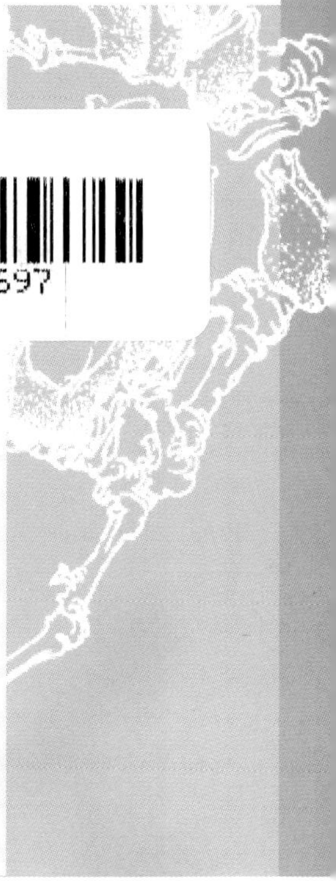

Producer Service Import and
Manufacturing Upgrading

傅缨捷 ◎ 著

# 生产性服务业进口与制造业转型升级

东北财经大学出版社
Dongbei University of Finance & Economics Press
大连

**图书在版编目（CIP）数据**

生产性服务业进口与制造业转型升级 / 傅缨捷著. —大连：东北财经大学出版社，2022.12

（墨香财经学术文库）

ISBN 978-7-5654-4719-8

Ⅰ.生… Ⅱ.傅… Ⅲ.生产服务-服务业-影响-制造工业-产业结构升级-研究-中国 Ⅳ.F426.4

中国版本图书馆CIP数据核字（2022）第235046号

东北财经大学出版社出版发行

大连市黑石礁尖山街217号 邮政编码 116025

网　　址：http://www.dufep.cn

读者信箱：dufep @ dufe.edu.cn

大连永盛印业有限公司印刷

幅面尺寸：170mm×240mm　字数：158千字　印张：11　插页：1

2022年12月第1版　2022年12月第1次印刷

责任编辑：李　彬　时　博　责任校对：齐　心

　　　　　徐　群　王　娟

封面设计：冀贵收　版式设计：原　皓

定价：46.00元

教学支持　售后服务　联系电话：（0411）84710309

如有印装质量问题，请联系营销部：（0411）84710711

本书为

教育部人文社会科学青年基金项目（17YJC790036）最终研究成果；本书获得东北财经大学出版基金资助。

# 序

随着中国经济从高速增长阶段转入高质量发展阶段，经济结构特别是产业结构的进一步转型升级、提质增效成为新发展阶段的一项重要任务。与此同时，在新发展阶段要贯彻新发展理念，又必须加快构建以国内大循环为主体、国内国际双循环相互促进的新发展格局，这其中如何更好地发挥对外贸易的积极作用，更好地通过对外贸易国际循环去促进国内供给侧结构性改革，实现结构转型就更具有重要意义。

要实现中国产业结构的转型升级，首要任务应当是推进实现制造业转型升级。党的二十大报告明确指出，要建设现代化产业体系，坚持把发展经济的着力点放在实体经济上，推进新型工业化，加快建设制造强国，而要实现这一系列目标，制造业的转型升级应当说是其中的必由之路，只有实现了制造业的高端化、合理化，才能真正实现产业体系的现代化，才能真正实现扩大内需与供给侧结构性改革的有机结合。从全球层面看，目前中国已成为全球制造业第一大国，但也要看到，要成为制造强国，中国还面临着比较艰巨的挑战。在全球价值链分工体系中，中国制造业的地位还并不理想。与此同时，世界百年未有之大变局进入加速演变期，中国制造业的进一步发展面临着“前有堵截、后有追兵”的境况，中国制造业的一些传统优势在国内也面临着要素成本上升等压力。在这种多重复杂挑战面前，中国制造业要想顺利实现转型升级、实现高质量发展，一方面需要进一步强化“两业”融合，通过现代生产性服务业与先进制造业的深度融合提高制造业整体的生产效益和国际竞争力，另一方面也需要充分利用国内国际双循环，通过进口制造业发展所需的而国内发展又相对不足的生产性服务以弥补自身的比较劣势。

生产性服务业对于制造业升级和制造强国建设的支撑乃至引领作用，已经得到了比较充分的分析和讨论，但是相关研究也表明，对于中国这样生产服务业虽然规模快速扩大但还存在一些结构性问题的国家，确实难以完全依靠国内生产性服务实现有效促进制造业转型升级的目的。那么在我国提升国际循环的质量与水平的过程中，生产性服务业的进口对制造业的发展具体会有什么样的影响，是否会成为我国制造业升级的有效助力，自然成为人们关注的重要问题。

在此情况下，研究生产性服务业进口对制造业转型升级的影响机理，考察生产性服务业进口对中国制造业转型的影响效果并提出有针对性的政策建议，就具有特别重要的价值和意义，而傅缨捷博士的这本专著《生产性服务业进口与制造业转型升级》就这一问题做出了非常深入、细致、全面的研究，不仅对于生产性服务业进口与制造业转型升级的相关概念进行了梳理与界定，对于二者关系进行了理论上的充分探讨与分析，而且分别从空间视角、微观视角，以及门槛效应和全球价值链等多个不同视角对生产性服务业影响中国制造业转型升级的效果进行了充分、深入的实证分析，也使其论点得到了有力的支撑。总体而言，本书可以说是将这一领域的研究进一步推向深入的一部佳作。

傅缨捷博士长期以来一直关注并持续研究中国经济的结构转型问题，也取得了相当丰硕的成果，本书是她继上一部有关这一领域问题的专著《产业结构转型与跨越“中等收入陷阱”》之后的又一佳作，可以看到她对这方面问题的研究又进一步更加深入并且得到了更多的创见，在对傅缨捷博士取得的新成果表示欣慰和祝贺的同时，也期待她未来在这一领域持续深耕，取得更多更好的成就。

是为序。

**丁一兵**

2022年10月25日于长春

# 前言

改革开放以来，中国制造业发展取得了长足的进步，发展规模居世界首位、开放水平不断提升，但近年来，中国制造业面临来自国际和国内的双重挑战：在国际方面，当今世界经济正面临百年未有之大变局，中国制造业不仅需要面对发达国家的技术升级压力，同时还需要应对来自其他发展中国家激烈的劳动力成本竞争压力；在国内方面，随着中国经济进入新常态，要素成本上升导致传统制造业部门的竞争优势逐渐退化，中国制造业发展亟待转型升级。在此背景下，如何应对国内和国际的双重挑战，突破发展困境，成为处于向社会主义现代化国家迈进阶段的中国，其制造业发展需要解决的重要课题。

党的二十大报告指出，把实施扩大内需战略同深化供给侧结构性改革有机结合起来。在开放条件下，作为进口需求的重要组成部分，生产性服务业进口的重要性日益突出。中间投入品的生产性服务业能够把其内含的技术、信息以及人力资本等高级生产要素，以飞轮的形式导入到制成品生产过程。在一国生产性服务发展自身相对不足的情况下，通过进口制造业发展所需的生产性服务业以弥补自身的比较劣势，可以起到推动制造业结构转型升级的作用。一方面，当前中国生产性服务业的发展存在严重滞后，无法满足制造业向高端化和合理化发展的需求；另一方面，中国制造业的转型升级需要与全球分工体系相适应。在此背景下，分析中国生产性服务业进口的发展现状，研究生产性服务业进口对制造业转型升级的影响机理，考察生产性服务业进口对中国制造业转型的影响效果并提出有针对性的政策建议，具有重要的理论和现实意义。

本书通过七部分内容对上述问题予以研究和考察，具体情况如下：

第1章为绪论。在介绍本书的研究背景和研究意义的基础上，分别从生产性服务贸易的相关理论研究、生产性服务业进口对制造业发展的影响、生产性服务业FDI对制造业发展的影响等方面对现有研究进行梳理，并结合本书的研究予以评述。同时，说明本书的结构安排和研究方法、创新之处以及存在的不足。

第2章为中国生产性服务业进口与制造业转型升级：概念界定与典型化事实。在对相关概念予以界定的基础上，分别从总量贸易和增加值贸易视角对中国生产性服务业进口规模与地区结构的发展现状进行分析，同时从细分行业的角度，考察了不同行业、不同供应模式的生产性服务进口情况。这一部分，还对中国制造业结构高级化和合理化、制造业价值链地位以及制造业全要素生产率发展现状予以分析和考察。

第3章为生产性服务业FDI对中国制造业结构升级的影响：空间视角分析。理论与实证研究发现，生产性服务业进口对制造业升级存在空间溢出效应和空间集聚效应。具体而言，生产性服务业进口具有正向的空间溢出效应，即能够有效促进地理空间邻近区域的制造业升级，但对经济发展水平差异较小的省份的溢出效应不明显；同时，生产性服务业FDI的空间集聚同样有助于中国制造业结构的转型与升级，有利于制造业的高端化发展。从细分区域角度看，生产性服务业进口对东部地区制造业结构由中端向高端制造业升级具有显著的影响，对中西部地区影响较小；生产性服务业进口对制造业结构由低端向中端制造业方向调整无显著影响。

第4章为生产性服务业进口对中国制造业结构升级的影响：动态门限效应分析。该部分选取中国生产性服务业进口在影响制造业升级过程中两个重要门槛变量（即市场分割程度和互联网发展情况）进行研究。就理论而言，较高强度的市场分割对生产性服务业进口的制造业升级效应抑制作用相对明显，而高水平的互联网发展则有利于加速生产性服务业进口对制造业升级的促进作用；实证研究证实了理论假说，即市场分割程度与互联网发展水平在生产性服务业进口推动制造业升级过程中存在动态门限效应。

第5章为生产性服务业进口对制造业转型升级的影响：全球价值链视角的分析。就理论而言，生产性服务业进口可以作为生产的“黏合剂”以及制造业的中间投入带来高质量的服务要素投入，促进进口国制造业向全球价值链两端攀升，提高进口国制造业价值链地位。实证回归结果说明，总体而言，进口本国所需的生产性服务要素可以有效维护和提高本国制造业在全球价值链中的地位；异质性分析进一步表明，生产性服务业进口对高技术密集型制造业部门价值链地位的提升作用更显著，同时来自新型生产性服务业进口对制造业全球价值链地位的影响显著为正，而传统生产性服务业进口的影响不显著。

第6章为生产性服务业开放对中国制造业升级的影响：微观视角的考察。在对中国生产性服务业开放情况进行测度与分析的基础上，探讨生产性服务业开放对制造业转型的影响机制，并利用制造业上市公司数据，考察生产性服务业开放对中国制造业企业升级的影响。研究发现，生产性服务业开放程度的提高能够有效通过激励企业创新和降低企业成本渠道来促进制造业企业全要素生产率的提高，促进中国制造业升级。

第7章为研究结论与政策建议。该部分给出本书研究的基本结论，同时，结合中国当前生产性服务业进口和制造业发展的现实情况，分析和讨论生产性服务业进口在服务制造业升级过程中需要进一步发展和完善的方面，并给出政策建议。

作　者

2022年10月

# 目录

# 1 绪论

## 1.1 选题背景与研究意义

### 1.1.1 选题背景

改革开放以来，中国制造业发展取得了长足的进步，发展规模居世界首位、开放水平不断提升。但近年来，中国制造业面临来自国际和国内的双重挑战：在国际方面，当今世界百年未有之大变局加速演进，中国制造业不仅需要面对发达国家的技术升级压力，同时还需要应对来自其他发展中国家激烈的劳动力成本竞争压力；在国内方面，随着中国经济进入新常态，人口红利下降，要素成本上升导致传统制造业部门的竞争优势逐渐退化，中国制造业发展亟待转型升级。在此背景下，如何应对国内和国际的挑战，突破发展困境，成为处于向社会主义现代化国家迈进阶段的中国，其制造业发展需要解决的重要课题。

从国际产业演化趋势和发展规律看，生产性服务业发展是制造业转型升级的重要支撑和引领。中间投入品的生产性服务业能够把其内含的技术、信息以及人力资本等高级生产要素，以飞轮的形式导入制成品生产过程，从而对制造业转型升级和国际分工地位提高产生关键性作用，因此大力发展生产性服务业对一国制造业转型升级具有重要意义。早在18世纪，亚当·斯密就在其著作《国民财富的性质和原因的研究》中提出专业化和分工是效率提升的重要途径。钱纳里等学者在基于多国工业化发展经验基础上也指出“工业化期间，中间投入品的变化是一个尤为重要的观察指标，中间品在生产中的使用增加意味着生产的专业化程度和产业联系的复杂度都在提升”。大力发展生产性服务业这一制造业重要的中间投入要素，对制造业专业化水平的提高和总体效率的提升具有重要作用。

第二次世界大战后全球服务业增长经历了两轮浪潮，其中第一轮浪潮以传统服务业为主，而第二轮浪潮以现代生产性服务业发展为主，自20世纪90年代开始快速发展的第二轮服务业浪潮对中高收入国家具有显著的意义。中国自“十一五”规划起，已明确提出要大力发展生产性服务业，但目前落后的生产性服务业非但没有促进制造业升级，反而成为阻碍其发展的桎梏，“生产性服务业悖论”愈演愈烈[①]，特别是高端生产性服务业发展的滞后，与先进制造业的发展需求不完全匹配，严重制约了中国制造业的高质量发展。发达国家的发展经验表明，在一国生产性服务业发展自身相对不足的情况下，通过进口制造业发展所需的生产性服务业以弥补自身的比较劣势，可以起到推动制造业结构转型和升级的作用。在中国当前经济发展阶段，生产性服务业要素进口在一定程度上能够对国内服务要素形成补充，增加服务要素的种类，提升服务要素供给质量，满足中国制造业在生产过程中对特定要素的高质量需求，同时降低生产性服务要素的投入成本。由此，在开放条件下，探讨生产性服务业进口对中国制造业转型的作用条件、作用途径以及作用效果显得必要且重要。

在过去的几十年间，服务业成为全球经济和国际贸易的重要组成部

① 杨玲. 破解困扰“中国制造”升级的“生产性服务业发展悖论”的经验研究 [J]. 数量经济技术经济研究，2017（7）.

分。随着科技的进步，特别是数字技术的发展，服务业的可贸易性逐渐地提高，全球的贸易格局也因此逐渐发生改变。尽管服务贸易在全球贸易中的地位逐渐上升，但是现有研究对于服务贸易的理解尚不充分。对于中国这样的向高收入阶段迈进的发展中大国而言，对服务贸易特别是生产性服务贸易的恰当理解是深化供给侧结构性改革和经济结构转型的前沿性课题。Ariu（2016）研究强调，服务贸易在2008—2009年的全球性金融危机中，受到的影响远低于商品贸易。由于生产性服务贸易在生产过程中作为必需的投入要素，因此其供应要具有可持续性。同时，由于服务要素不具有可存储性，且其对产出波动的反应不敏感，即使在经济危机期间，制造业企业也会持续引入基本生产所需的服务要素，可见，生产性服务贸易对制造业发展的重要意义。本书将在明确中国生产性服务业进口和制造业发展现状的基础上，从空间维度、时间维度、中观层面与微观层面等多重维度，探究生产性服务业进口对中国制造业结构转型的影响机制与影响效果，在此基础上提出有针对性的政策建议。

### 1.1.2 研究意义

（1）理论价值

首先，传统国际贸易理论中，进口通常被视为具有竞争性和损害性，但随着国际分工日益分散化，中间品进口对于进口国的收益性与重要性日渐受到关注。然而目前，从生产性服务进口视角探究其对进口国实体经济发展影响的研究十分有限且缺乏系统性，如Hoekman和Velde（2017）所言，对于服务贸易的恰当理解是探讨经济结构转型的前沿性课题，本书的研究将丰富已有的国际贸易相关理论研究。

其次，传统发展经济学认为，服务业无法有效提高制造业部门的生产率，且多数传统服务业属于劳动生产率的“停滞部门”，即一国服务业部门占比的提升会带来总体生产率的下降，即存在“鲍莫尔病”，然而，生产性服务业作为现代服务业的组成部分，能够避免这一“鲍莫尔病”（Cheng和Xiao，2020）。本书从开放视角丰富了关于生产性服务业影响的研究，从理论上拓展发展经济学的研究。

最后，从产业经济学角度看，鲜有将国际服务贸易理论与制造业转型升级相结合的研究，本书的研究有助于拓展现有产业经济学的相关理论，为进一步提高对外开放水平，激发制造业发展的活力和创造力，促进制造业转型升级提供理论依据。

（2）现实意义

本书从不同维度详细地考察了生产性服务业进口需求对制造业结构变化与转型的影响，正如党的二十大报告指出，“要坚持以推动高质量发展为主题，把实施扩大内需战略同深化供给侧结构性改革有机结合起来”。本书的研究，以扩大生产性服务业进口需求与制造业结构性改革有机结合为切入点，为实现经济高质量发展，全面建成社会主义现代化强国提供决策参考。

## 1.2 国内外研究现状

传统的国际经济学研究倾向于认为服务业具有不可贸易性①，直到20世纪80年代，美国提出将服务贸易和投资的内容纳入多边谈判框架内，推动了1982年的GATT部长级会议，并引发了学术界关于服务贸易研究的第一波浪潮。早期的研究认为许多国家在服务贸易开放上具有潜在利益，如一些发展中国家在服务贸易领域具有显示性比较优势②。这些研究，在乌拉圭回合启动服务贸易谈判和1994年制定世贸组织服务贸易总协定（GATS）上发挥了积极的作用。在这些早期研究基础上，学者们开始尝试从不同角度来探究服务贸易的相关问题。

### 1.2.1 生产性服务贸易理论的相关研究

传统的国际贸易理论主要建立在商品贸易基础上，目前为止，服务贸易未形成系统性的理论体系，一些学者就服务贸易与商品贸易的区别进行了探究，针对服务贸易的“邻近性”提出了相关的理论。由于服务业具有不可储存性，因此其频繁的交换需要供应商和消费者邻近，服务

① 最初也有少量突破性研究，如Baumol（1967）、Fuchs（1968）和Hill（1977）的研究，从20世纪80年代开始，更多的注意力开始投向服务业，Griffiths（1975）是早期考察服务贸易壁垒的研究。

② 这一时期代表性的研究有Sapir和Lutz（1980）、Bhagwati（1987）、Hindley（1988）、Stern和Hoekman（1987）和Francois（1987）。

提供者必须转移到距服务购买者或消费者较近的位置（Hill，1977）。由于贸易双方交换中的邻近需求，与距离有关的因素会增加此种类型的服务供给的成本，Christen和Francois（2009）将其称之为“邻近负担”（proximity burden）。“邻近负担”约束使得服务贸易在一定程度上形成跨境交易和生产本地供应的混合，这一点与商品贸易存在明显区别。20世纪80年代起，技术的进步放松了“邻近负担”约束，一些服务可以通过生产分散化（如Bhagwati，1984；Baldwin和Robert-Nicoud，2007等）或服务外包实现（如Amiti和Wei，2005；Helpman，2006等）。

由于“邻近负担”的存在，使得服务贸易呈现出不同的供应模式，Sampson和Snape（1985）对此进行了分类①。邻近性要求使得服务贸易的供应模式1和供应模式3存在潜在互补性，Lennon（2009）对这一问题进行了讨论。由于服务贸易呈现出不同的供应模式，外国服务业企业存在不同的市场进入方式，同时，不同的市场进入方式是通过企业内部进行还是企业间联合实现也需要权衡，对上述问题的考察与制造业企业在水平型直接投资和垂直型直接投资进行选择的研究存在一些相似之处②，但Markusen和Strand（2009）认为服务业企业在市场进入方式选择上与制造业企业仍存在诸多区别。服务企业较少受产品实际运输距离的影响，且在海外直接投资并不以建立厂房这种形式存在，而仅是向东道国市场提供服务的一个中转场所。距离成本的作用主要发生在服务提供者和客户的沟通成本上，而非商品运输过程中（Christen和Francois，2009）。关于服务业企业进入国际市场的模式选择，存在一些实证类研究，如Markus等（2013）通过将德国的国际收支平衡表和外国分支机构贸易数据合并，获得企业商业服务数据发现，企业生产率是样本企业出口模式选择的决定因素，但对此的理论研究则十分有限。

除“邻近负担”外，生产性服务业贸易可以发挥协调作用，即推动生产分工进一步深入，从而产生规模经济。Guerrieri等（2005）从理论上考察了生产性服务贸易增加竞争进而推动经济增长；Burgess和

① 关于不同供应模式的含义，在第2章进行了详细说明，GATS的分类很大程度上参考了这一文献。

② 关于企业边界和企业效率的研究，具有代表性的有Antras（2003）、Helpman等（2004）。

Venables（2004）识别了生产性服务贸易可以增加中间服务要素种类，从而促进专业化分工，创造和传播知识技术的作用。值得注意的是，生产性服务业中的电信服务、金融服务和运输服务业具有网络外部性特征，由于自然垄断或市场失灵等原因，各国保险服务、专业服务业等行业具有较强的管制性特征，上述特征会对它供应的制造类企业产生市场势力。因此，生产性服务贸易的理论文献也强调竞争和管制的重要性。Francois 和 Wooton（2009）研究了批发和零售贸易中的寡头联合定价对收益的影响。Francois 和 Wooton（2001）在理论构建中包含具有垄断性质的运输服务部门，研究发现具有市场势力的中间服务部门会影响商品贸易的收益。

也有不少学者尝试将商品贸易理论应用于生产性服务贸易发展的解释，Melvin（1989）通过比较优势和H-O理论研究了生产性服务业贸易模式，Markusen（2005）通过构建以生产性服务业为中间投入的垄断竞争模型指出，生产性服务业的进口能够补充而非替代国内的生产性服务业。自Melitz（2003）开始，国际贸易理论的关注重点逐渐转向微观企业主体，虽然目前尚无专门针对生产性服务贸易企业的异质性企业模型，但Breinlich和Crisuolo（2011）通过微观层面数据的研究发现，服务贸易和商品贸易在微观层面存在相当大的相似性。同时，Francois和Hoekman（2010）指出，服务贸易存在诸如不可储存性、生产与消费同步等不同于商品贸易的特征，这些特殊性在构建理论时应予以考虑。陈启斐和刘志彪（2014）基于Melitz（2003）和Behrens（2009）构建了多边贸易模型，分析生产性服务业进口对中国制造业技术进步的影响。

### 1.2.2 生产性服务业进口对制造业发展的影响研究

当前，生产性服务业进口对制造业发展影响的研究主要以实证研究为主。受服务贸易数据可得性的限制，相关研究主要起步于20世纪90年代中期，进入21世纪以来发展相对较快，其关注的焦点主要集中于生产性服务业进口对制造业生产率的影响。Robinson 等（2002）通过研究行业间投入产出关系，发现一国可以通过进口高质量的服务要素来促进其他行业的产出扩大和效率提升。Francois和Hoekman（2010）指出，生产性服务业进口对制造业的生产率增长具有关键性作用。蒙英华和尹翔硕（2010）从整体角度进行了分析，认为服务贸易进口可以促进制造业效率的提升。李俊（2016）在将服务贸易分为水平服务贸易和垂直服务贸易之后进行了分析，得出了同样的结论。陈启斐和刘志彪（2015）则得到不同结论，他们利用47个国家2000—2011年的双边服务贸易数据研究发现，样本时期内发达国家间的服务贸易引致的溢出效应高于发达国家对发展中国家的技术溢出，且进口服务贸易对发展中国家的TFP促进作用不显著。戴翔（2014）更侧重于从行业角度进行研究，他发现服务贸易进口对新兴服务贸易领域以及资本、技术密集型制造业的提升作用更为显著。蒙英华和尹翔硕（2010）、邱爱莲和崔日明（2014）等也从分行业进口的角度对全要素生产率的影响进行考察。

近年来，随着制造业全球价值链的分工日益深化，一些学者将关注点集中于生产性服务业进口对制造业附加值或全球价值链的影响上。Francois 等 （2015）发现，生产性服务要素是各国商品贸易增加值的重要组成部分，特别是对发达国家而言，由于附加值贸易的存在，国家间的相互依存性日益增强。杨玲（2017）指出要合理引导进口批发零售业、金融业和交通运输仓储业进入制造业产业链。王胜和王俊（2018）利用TiVA数据库和Koopman提出的制造业国际分工地位测度方法，测算了GVC地位指数并进行了多国比较，研究发现中国制造业仍旧处于国际分工的低端位置，作者同时指出生产性服务进口促进了发展中国家制造业分工地位的提升且其中科技进口、信息进口以及运输进口的正面影响效应较大。牛蕊和郭凯頔（2018）在增加值视角下考察中韩两国服务贸易的竞争力和全球价值链参与程度后指出，深化生产性服务贸易分工可以有效地促进两国的贸易发展并带动两国在全球价值链中的位置提升。黄梅和邢孝兵（2019）指出进口生产性服务业数量和质量均会抑制一国制造业全球价值链分工地位的提升。罗军（2019）研究了生产性服务进口对制造业全球价值链升级中产品升级和功能升级影响的机制，并考察了贸易自由化在生产性服务进口影响制造业企业功能升级中的调节效应，作者发现生产性服务进口促进了中国制造业企业在全球价值链中的产品升级，但抑制了功能升级。

少数学者研究了服务贸易进口对制造业转型升级或制造业服务化的影响。戴翔和金碚（2013）通过考察服务贸易进口技术含量对中国工业经济发展方式的影响，认为拥有较高技术含量的服务业进口能够对中国工业经济发展方式转变产生较强影响。刁莉和朱琦（2018）考察了生产性服务业进口对中国制造业服务化的影响，发现技术密集度低的生产性服务业进口对制造业产出服务化存在负面效应，而技术密集度高的生产性服务业进口对制造业产出服务化存在正向影响。

### 1.2.3 生产性服务业FDI对制造业发展的影响研究

不同于商品贸易，根据WTO的《服务贸易总协定》（GATS）的界定，生产性服务业FDI通常被视为生产性服务业进口的重要组成部分。由于其同时具有外商直接投资的属性，因此经常被专门讨论。现有关于生产性服务业FDI影响效果的研究，主要集中在探讨生产性服务业FDI与制造业FDI关系、生产性服务业FDI对东道国经济增长与经济发展的影响以及生产性服务业FDI对东道国制造业的影响等方面。

在生产性服务业FDI与制造业FDI关系方面。Raff和Ruhr（2007）利用美国对25个东道国的投资数据发现，生产性服务业FDI具有追随下游行业FDI投资的特点。杨仁发和刘纯彬（2012）利用2004—2010年中国省级面板数据，通过动态面板模型研究指出整体和细分生产性服务业FDI均明显具有追逐制造业FDI的倾向，并且与前期生产性服务业FDI具有正向关系。矫萍和林秀梅（2016）在此基础上，考察了中国各省（自治区、直辖市）生产性服务业FDI与制造业FDI的协同集聚对制造业增长的影响。分析发现，生产性服务业FDI与制造业FDI的空间集聚存在相互促进作用，且空间集聚不仅能够促进本地制造业增长，还能够带动周围地区制造业的增长。

在生产性服务业FDI对东道国经济增长与发展的影响方面，Markusen等（2005）通过构建包含生产性服务中间品的垄断竞争模型指出，生产性服务业FDI的流入对东道国技术型劳动力的替代具有局部均衡，但在一般均衡上，二者是互补关系。在动态框架下，生产性服务业FDI的流入会使不可流动工人的收益受损。黄卫平和方玉石（2008）

研究了中国生产性服务业FDI与经济增长的关系，回归结果表明生产性服务业FDI流入能够显著促进中国经济增长。姚战琪（2014）通过构建VAR模型，实证研究指出当前中国生产性服务业FDI不仅没有对中国制造业显示性比较优势产生促进作用，而且未能提升农产品的贸易竞争力。

关于生产性服务业FDI对制造业影响效果的文献方面，较多的文献集中探讨生产性服务业FDI对制造业生产效率的影响。Fernandes和Paunov（2012）实证分析指出智利服务业以及生产性服务业FDI对制造业生产率增长存在正向显著的影响。Mariotti等（2013）利用1999—2005年意大利微观企业数据，分析指出服务业FDI通过前向联系增加竞争对东道国客户企业产生作用，通过后向联系增加需求从而影响东道国供应企业的生产率。韩德超（2011）从产业垂直联系的角度考察了生产性服务业FDI对中国工业企业生产效率的影响，发现生产性服务业FDI的增加在促进内外资工业企业生产效率上具有积极的作用。胡国平等（2013）从产业关联效应视角，探讨了生产性服务业FDI对中国制造业效率的影响及理论机制。分析发现，作为高级投入要素的生产性服务业FDI对我国制造业效率的影响总体上并不强，从细分子行业看，租赁和商业服务业、金融业FDI通过前向关联与后向关联对制造业相关子行业的效率提升均起到一定的作用，其他生产性服务业子行业FDI的作用较弱。陈少铭（2017）从技术溢出视角，研究了生产性服务业FDI对中国制造业效率的影响，发现生产性服务业FDI的流入具有积极作用。郭帅等（2018）考察了生产性服务业FDI在影响制造业效率过程中，各地区交通基础设施水平的门槛效应，研究认为交通基础设施水平较低时，生产性服务业FDI对制造业效率的促进作用相对较弱，交通基础设施水平突破门槛值后，生产性服务业FDI的促进作用显著增强。

也有学者从制造业创新的角度探讨生产性服务业FDI对中国制造业创新能力的影响，如沙文兵和汤磊（2016）利用2005—2012年中国制造业分行业面板数据，研究了这一问题，发现整体和细分行业生产性服务业FDI流入均显著促进了中国制造业整体创新能力的提升。此外，一些学者考察了生产性服务业FDI对制造业出口的影响。张如庆（2012）

利用中国省级面板数据考察了生产性服务业FDI对制成品出口技术结构的影响，发现生产性服务业FDI可以显著推动制成品出口的技术结构升级，且作用大于制造业FDI。Ren等（2010）、刘艳（2015）研究了生产性服务业FDI与制造业国际竞争力的关系，研究发现生产性服务业FDI有助于促进制造业国际竞争力的提升。邢彦等（2017）从知识产权保护视角，研究了生产性服务业FDI对中国制造业出口技术进步的影响，发现交通运输、仓储和邮政以及批发和零售业FDI不存在知识产权保护门槛效应，其他生产性服务业存在双重门槛效应。

### 1.2.4 服务贸易自由化对制造业发展的影响研究

正如Hoekman（2006）所言，“关于服务贸易的研究只占国际经济学研究的很小一部分”。与商品贸易自由化的理论与实证文献相比，到目前为止，关于服务贸易自由化的经济绩效影响的文献相对有限。

随着数据可得性的提高和各国服务业实践的发展，进入21世纪后，关于服务贸易自由化对经济发展的影响才日益成为学者们探究的重要课题。Robinson等（2002）通过CGE模型考察了服务业自由化对世界经济的影响，研究指出服务业自由化不仅直接有利于服务业部门的产出和贸易，同时也有利于其他非服务业部门的产出。Eschenbach和Hoekman（2006）探究发现1990—2004年间转型国家的服务业自由化与经济增长存在正向关系；Mattoo等（2006）利用60个国家的样本发现1990—1999年期间，金融部门和电信部门的开放对经济增长存在长期影响。除探究服务贸易自由化对经济增长与发展的影响外，也有学者研究了服务贸易自由化对服务部门本身的影响，如Fink等（2003）指出竞争性和私有化有利于服务业的发展。

在服务贸易自由化对制造业发展的影响上，现有研究主要从制造业生产率进步和制造业出口两方面进行研究。

在服务贸易自由化对制造业生产率影响方面，Arnold等（2011）考察了捷克服务部门改革和制造业生产率的关系，通过企业数据发现服务业部门改革对捷克国内下游制造业企业有正向影响。文章同时对比分析了服务业外国提供者进入、私有化和竞争性水平提升三方面服务业改革的差异化影响，结果发现服务业外国提供者进入是捷克服务业改革促进下游制造业绩效改进的关键性渠道。张艳等（2013）通过理论模型分析了服务贸易自由化通过服务外包、重组效应和技术促进效应影响制造业企业的生产效率，并通过服务开放渗透率、服务业FDI产业渗透率等指标，实证分析了中国服务贸易自由化对制造业企业生产率的影响。结果发现，中国服务贸易自由化对东部地区企业、外资企业和出口企业影响更大。Shepotylo和Vakhitov（2015）通过使用欧洲复兴开发银行的服务业自由化指标考察了服务业自由化对乌克兰制造业企业生产率的影响，结果表明服务业自由化的提高能够带来行业间要素的再配置进而带来企业全要素生产率的增长，投资渠道会进一步强化这一结果。Arnold等（2016）利用1993—2005年印度4 000家企业的数据考察了印度服务业改革对制造业企业生产率的影响，发现银行业、电信业、保险业和运输业的改革都对印度制造业企业的生产率产生了积极的影响。

上述研究主要从微观企业层面考察对制造业生产率的影响，也有学者基于跨国层面分析了服务贸易自由化对一国制造业生产率的影响。谢慧和黄建忠（2015）利用三水平多层模型研究了服务业管制改革对OECD的22个成员制造业生产率的影响，发现外国服务对本国服务存在替代作用，服务业管制改革有利于促进制造业生产率，中间品和最终品关税税率的削减带来的促进作用比服务业管制改革更明显。Beverelli等（2017）通过考察不同经济发展阶段国家的服务贸易壁垒下降对制造业部门的影响，认为制度质量在其中发挥关键作用，拥有高质量制度安排的国家，从服务贸易壁垒降低中获得的下游制造业生产率的改进更大。冯宗宪等（2018）利用跨国面板数据分析了政府治理在服务贸易限制影响各国制造业生产率中的调节作用，研究发现服务贸易限制越低、政府治理水平高的国家的制造业生产率提高显著，且政府治理的调节在中低等收入国家作用更大。

少量学者聚焦于生产性服务贸易自由化对制造业生产率影响上，李强（2014）通过2008—2012年69个国家和地区的跨国面板数据发现，生产性服务贸易自由化可以促进国内制造业生产率的提升，但是对高收入国家的影响大于低收入国家，同时从分部门角度看，金融和商务服务部门贸易自由化对制造业生产率的影响较大。舒杏和王佳（2018）从微观和中观层面说明生产性服务贸易自由化与制造业生产率的关系，生产性服务贸易自由化可以从技术创新、中间品贸易和产品内资源重置等渠道提高制造业企业生产率。

在服务贸易自由化对制造业出口的影响方面，Nordas和Rouzet（2015）利用OECD服务贸易限制指数考察服务贸易管制对下游制造业产品出口的影响，标准引力模型分析表明，服务贸易管制对制造业产业内进出口均存在负向影响。戴翔（2016）考察了服务贸易自由化对中国制成品出口复杂度的影响，将服务业FDI的产业渗透率和服务贸易进口渗透率作为服务贸易自由化的替代变量，实证研究发现服务贸易自由化对提升中国制成品出口技术复杂度具有显著积极的影响。Hoekman和Shepherd（2017）利用100多个发展中国家的企业层面数据考察了服务贸易限制对制造业出口的影响，在控制总体贸易壁垒的情况下，服务贸易自由化能够直接促进制成品出口，这一效果主要通过FDI渠道实现。孙浦阳等（2018）考察了服务业开放对企业出口的影响，在理论上说明服务业中间品的开放通过成本渠道影响制造业企业的出口，并且企业的管理效率在其中发挥显著作用，并利用服务业外资参股的政策变化，说明1997—2007年期间服务业允许外资参股的政策显著提高了下游制造业的出口倾向和出口额，且管理效率高的企业表现更显著。马盈盈（2019）考察了服务贸易自由化对制造业全球价值链参与度和分工地位的影响，研究表明服务贸易自由化促进了制造业全球价值链的前向参与而抑制了其后向参与，显著提高了制造业企业在价值链中的分工地位，这种作用在发展中国家更为明显。李小帆和马弘（2019）通过建立两阶段生产的李嘉图模型，说明服务业FDI管制会抑制服务业自身发展，促使国内生产者直接进口国外服务中间品，因而会降低出口国内增加值，跨国面板数据的实证分析也证明了这一结论。

### 1.2.5 制造业升级的影响因素

与制造业结构转型和升级影响因素有关的理论文献，大体上可按需求面和供给面进行划分。在需求方面，主要围绕非位似偏好展开，即产品的收入需求弹性不同展开。Kongsamut 等（2001）提出了非位似偏好决定多部门结构变化的理论模型。Foellmi 和 Zweimuller（2008）、Boppart（2014）分别从消费品种类和消费品偏好两方面进行了一般性的拓展。

在供给方面，主要从不同产业部门间技术进步率存在差异和产业间投入产出弹性存在差异这两方面进行。近年来以 Hsieh 和 Klenow（2007）等为代表的学者开始在开放条件下，讨论全球化分工对产业结构变化的影响。Matsuyama（2009）指出，在封闭条件下，劳动力会从产品相对价格更低的部门转移到国内其他部门，但在开放条件下，价格更低的产业部门更可能出口产品到国际市场，该部门的产品需求扩大，从而可能增加这一部门的就业比重。郭凯明等（2017）通过两国多部门的新古典增长模型，综合研究了开放条件下中国产业结构转型的影响因素。

在实证领域，探讨影响制造业结构转型因素的文献，关注的重点较为多元。在此结合本书研究需要，对互联网发展、中间品进口、市场分割、生产性服务业发展等方面的研究予以综述。

一些学者从互联网发展角度考察了其在制造业升级中的作用。石喜爱等（2017）、曾繁华和刘淑萍（2019）等在省级层面考察了互联网发展水平对中国制造业升级的影响，指出互联网是促进制造业转型升级的重要因素。卢福财和金环（2020）从技术复杂度角度考察了互联网对制造业产品升级的影响，发现企业使用互联网能够促进出口概率和产品技术复杂度的提升。胡俊（2019）认为跨国公司可以利用互联网有效“压制”中国制造业升级，因此互联网对中国制造业升级可能存在非线性影响。余东华和李捷（2019）则研究了信息网络技术扩散在人力资本积累影响制造业转型升级过程中的调节效应。此外，郭凯明等（2020）通过数值模拟考察了包括互联网在内的新型基础设施投资对制造业升级的影响，作者发现当制造业资本产出弹性较高且制造业和服务业的产品替代弹性较低，或制造业的资本和劳动的替代弹性较高时，新型基础设施投资可以通过制造业资本密集度和实际产出比重推动制造业升级。

有学者从中间品进口角度考察了其对制造业升级的作用。在宏观和中观层面上，唐东波（2012）通过实证研究发现，来自OECD等发达国家的中间品进口份额上升有助于提高中国制造业的高技能劳动力的就业占比，改善制造业的就业结构。傅缨捷和丁一兵（2014）利用开放条件下的两国两部门模型，从理论上说明中间品进口的增加能够通过技术和价格两种渠道提升高生产率部门的相对产出，进而带来生产结构的优化，其中技术渠道是更主要的渠道，并通过跨国面板数据和分工序回归实证支持了这一观点。在微观层面上，张翊等（2015）考察了中间品进口对中国制造业全要素生产率的影响渠道，指出中间品进口的数量和种类效应并不显著，价格效应对出口依存度较小的行业有显著影响。此外，魏浩等（2017）考察了中间品进口来源地对制造业企业全要素生产率的影响；许家云等（2017）考察了中间品进口对制造业企业出口质量的影响；钟建军（2016）、林正静和左连村（2018）考察了进口中间品质量对制造业企业全要素生产率的影响。

在市场分割影响制造业升级方面，张杰等（2010）构建1998年至2003年的省级市场分割指数，考察中国国内市场分割对企业出口的影响，结果显示市场分割对企业出口存在激励作用，导致国内企业放弃国内市场转而进入出口市场。刘瑞明（2012）考察1995—2006年国有企业占比对国内市场分割的影响发现，国有比重越高的地区市场分割程度越高，市场分割对国有企业起到隐性补贴的作用。付强和乔岳（2011）利用1978—2006年中国省级数据发现即期情况下市场分割对省内全要素生产率进步存在显著阻碍作用。毛其淋和盛斌（2012）利用中国省际面板数据同样指出区域市场整合有利于省内全要素生产率的提高，而郭勇（2013）则强调市场分割对制造业TFP具有显著区域差异。徐保昌和谢建国（2016）在垄断竞争模型基础上，利用1999—2007年中国制造业企业数据发现，市场风格与本地企业生产率呈倒U形关系，一定程度上市场分割对产业结构优化发挥不可忽视的作用。Brandt和Thun（2016）研究认为许多发展中国家急于支持当地企业发展，从而限制了利用外部机会和优势实现产业升级的可能性。孙宁华和韩逸平（2016）强调改善国内市场一体化程度，依托资源禀赋达成地区专业化，有利于促进制造业发展。通过省级面板数据回归发现，地区专业化能够促进东部地区制造业高级化，但抑制中西部地区的制造业结构升级。全文涛和顾晓光（2019）研究表明市场分割对制造业升级呈倒U形影响，当市场容量未饱和时，市场分割可以促进制造业升级，但随着制造业发展壮大，市场分割逐渐成为禁锢制造业升级的枷锁。余东华和张昆（2020）分析发现，要素市场分割不仅直接阻碍制造业高级化发展，且东部地区的产业结构趋同对制造业高级化发展的阻碍作用最强。

此外，生产性服务业发展对制造业升级的影响也为本书的研究提供了间接认识。在这一方面研究中，赵东安和杨春（2009）探讨了韩国生产性服务业对制造业结构升级的影响，强调韩国现代化发展经验对中国的启示意义。周大鹏（2013）研究认为增加产品中知识型服务要素的密集度，可以增加产品种类并实现范围经济，实现产业从低端向高端的升级，借助投入产出数据构建面板数据，实证结果表明服务中间投入对不同类型制造业升级的影响程度不同。杨玲（2017）指出要加快研究与试验发展生产性服务业、综合技术服务业更快融入制造业产业链，结合地区特色优势产业打造民族品牌。Liu 等（2019）研究了生产性服务业投入对制造业出口绩效的影响，通过构建基于附加值贸易的显示性比较优势指出，金融和商务服务的发展能够提高密集使用这些服务要素的制造业部门的显示性比较优势。Cheng 和 Xiao（2020）从全球价值链的角度考察了生产性服务业有利于商品生产率的提升。

### 1.2.6 文献评述

现有文献对本书的研究提供了极大的启发，然而目前为止，关于生产性服务业进口对中国制造业转型升级的研究尚不充分且缺乏系统性。

第一，关于生产性服务业进口对制造业升级影响的研究，未能对空间溢出效应、空间集聚效应和门槛效应进行详尽的分析和考察，本书将从空间和时间维度对上述效应展开研究。

第二，受数据可得性等因素限制，目前关于生产性服务业进口的研究，多集中于生产性服务业总值口径的考察，Cenat 和 Kutlina-Dimitrova（2014）等学者将增加值贸易称为服务贸易的“第5种”供应模式，在现有研究基础上，本书将从增加值进口核算角度探究其对制造业升级的影响。

第三，生产性服务业进口与进口国生产性服务业自由化存在密切联系，Francois 和 Woerz（2008）研究指出服务业的开放对制造业发展具有重要意义。然而现有文献缺乏从微观视角考察生产性服务业自由化对制造业升级影响的研究，本书在现有研究基础上，进一步考察中国生产性服务业开放情况对制造业企业升级的影响。

## 1.3 结构安排与研究方法

### 1.3.1 结构安排

本书共分为七个部分：第一部分为绪论。在介绍本文的研究背景和研究意义的基础上，对生产性服务性进口与制造业结构转型的有关文献进行了综述，同时对本文的结构安排、研究方法和创新之处进行了说明。第二部分为中国生产性服务业进口与制造业转型升级：概念界定与典型化事实。本部分主要对中国生产性服务业进口的发展现状和中国制造业结构的变化情况进行分析和介绍。第三部分为生产性服务业进口对中国制造业结构升级的影响：空间视角分析。该部分从理论和实证两方面探究了生产性服务业进口的空间溢出效应和空间集聚效应。第四部分为生产性服务业进口对中国制造业结构转型的影响：动态门限效应分析。本部分在理论分析的基础上，将市场分割程度和互联网发展情况这两个影响制造业升级的重要变量作为门限变量，从动态角度，探究其在生产性服务业进口影响中国制造业转型中的作用。第五部分为生产性服务业进口对制造业转型升级的影响：全球价值链视角的分析。该部分利用跨国数据考察了生产性服务业进口对制造业全球价值链地位的影响，并提出相应的对策建议。第六部分为生产性服务业开放对中国制造业升级的影响：微观视角的考察。该部分探讨了生产性服务业开放对制造业转型的影响机制，并考察了生产性服务业开放对中国制造业企业升级的影响。第七部分为本书的研究结论与政策建议。

### 1.3.2 研究方法

本书研究涉及国际贸易学、发展经济学、产业经济学等多个学科领域，结合本书的研究内容和写作目的，总体而言，本书使用了描述性分析与逻辑推理相结合、理论分析与实证研究相结合、规范分析与经验研究相结合的研究方法。

本书通过描述性分析对中国生产性服务业进口与开放的现状和制造业发展的典型化事实从不同层面进行多样性考察，同时，结合逻辑推理方法，指出中国制造业发展存在的问题，为进一步探寻生产性服务业进口对制造业结构变化影响提供现实背景和研究动机。

理论分析方面，本书充分借鉴和吸收了国际贸易学、产业经济学、发展经济学等多个学科的最新研究成果，通过对有关机制和机理的归纳，力求准确地说明生产性服务业进口影响制造业转型升级的渠道和作用机理。实证研究上，结合研究内容和数据可得性，本书通过固定效应模型、动态面板数据模型、空间杜宾模型、动态面板门限模型等多种计量模型，从实证角度探讨理论分析是否符合经验事实，将理论分析与实证研究紧密结合，做到有理有据。

生产性服务业进口和制造业转型升级作为国际贸易领域和产业经济学领域的重要内容，同国际贸易政策实践和产业政策实践存在密切联系。在理论分析与实证研究的基础上，利用规范分析方法，为更好地推进制造业转型升级，实现社会主义现代化的远景目标，提出相应的政策建议，为相关部门的政策制定提供决策参考。

## 1.4 创新点

第一，研究视角的创新。本书从空间维度和时间维度、总量贸易维度和增加值贸易维度，中观维度和微观维度等多个层面综合而系统地研究了生产性服务业进口对中国制造业转型升级的影响，相较于以往对这一问题的研究，在研究视角上有所突破和创新。

第二，考察范围的创新。学术界关于如何度量制造业转型和升级没有统一的标准和测度。本书利用一国制造业全要素生产率、制造业高级化指数、制造业全球价值链地位、制造业企业全要素生产率等指标综合考察制造业升级情况，丰富了制造业结构升级领域的有关研究，在研究范围内有所拓展和创新。

# 2 中国生产性服务业进口与制造业升级：概念界定与典型化事实

## 2.1 生产性服务业进口的基本内涵

与商品贸易不同，服务通常具有无形性和易消耗性的特点，这些特点使其通常要求生产和消费同时进行，许多情况下需要服务的消费者和生产者在空间上接近，这意味着其中一方必须接近另一方，才能使国际服务贸易成为可能。相对于商品贸易中要求产品跨越国境的要求，关于服务贸易的定义要广泛得多[①]。

根据世界贸易组织（WTO）的《服务贸易总协定》（GATS）的定义，服务贸易包括四种供应模式：

模式1：跨境供应。从一个成员方领土供应到另一个成员方领土的服务。例如，某一成员方的供应者将软件服务通过邮寄或电子传输方式提供给另一成员方的消费者。

① 当前关于商品和服务的界限变得日趋模糊，但包括多边贸易协定在内的国际实践仍通过GATT对商品和GATS对服务进行不同的区分。

模式2：境外消费。在一个成员方领土内为另一成员方的消费者提供服务。例如，某一成员方的消费者到另一成员方进行旅游消费或接受教育服务。

模式3：商业存在。一个成员方通过任何形式的商业或专业机构在另一成员方提供服务。例如，某一成员方公民拥有的保险公司在另一成员方通过FDI方式建立分公司①。

模式4：自然人存在。一个成员方的公民在另一成员方的领土提供的服务。这种模式既包括独立的服务提供者，也包括另一成员服务提供者的雇佣人员。例如，某一成员方的医生在另一成员方提供服务，或一个成员方的银行雇佣另一成员方的人员提供临时性服务②。图2-1以图示方式对上述四种供应模式进行了说明。

本书对生产性服务进口的研究，即遵照GATS的定义标准，指一国的生产性服务业通过以上一种或多种模式产生的进口行为。

关于生产性服务业的概念，国际上并没有明确的定义。它最初是由美国经济学家Greenfield于1966年在研究服务业及其分类时率先提出的，他认为生产性服务应主要服务于企业、非营利组织和政府，而不是向最终用户提供产品和服务。随后学者们开始将注意力转移至生产性服务业的研究上，Browning和Singleman（1975）将概念加以延伸，增加了关于生产性服务功能的研究，即生产性服务业是为其他企业和机构提供服务的产业，主要由知识密集型产业构成，包括金融、保险、法律等行业。Daniels（1993）总结并建议将生产性服务业分为包括银行、保险、营销、会计、资产管理、广告和信息编辑在内的信息处理服务类，销售、交通管理、基本设备的安装和维护以及通信设备的维护和维修等与商业有关的商务服务类，与福利、食品供应、个人旅行和居住等有关的个人服务这三大类。Hanssens和Derudder（2012）认为生产性服务业主要包括会计审计、金融服务、保险服务、法律服务、管理咨询、广告业以及信息和通信技术行业。

---

① 值得指出的是，以商业存在的形式提供服务，产出在东道国国内销售的被视为模式3，外资企业将产出进行出口被视为是东道国与第三国间的跨境服务，属于模式1。

② 成员双方在第三国领土上，一方公民向另一方提供服务也属于这一供应模式范畴。

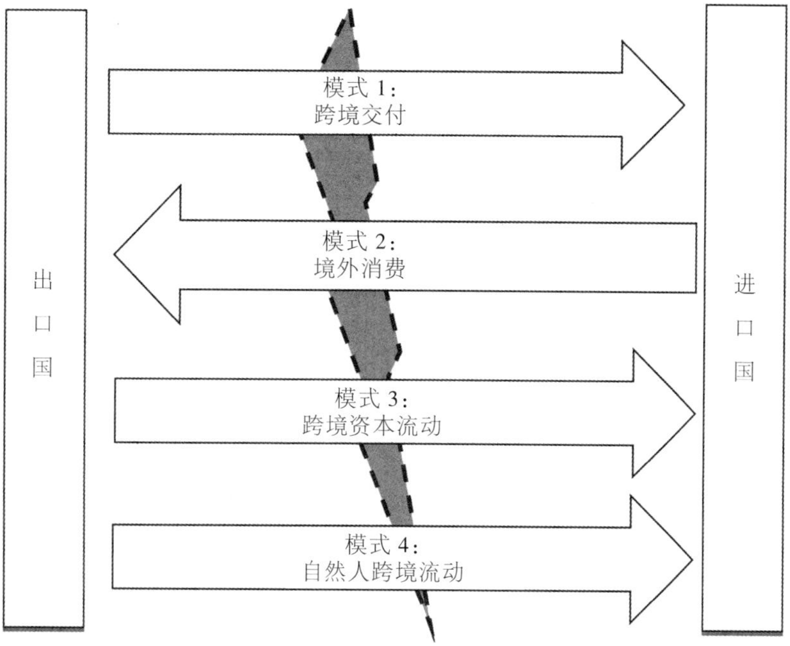


图 2-1　GATS 服务贸易的四种供应模式

国内学者钟韵和阎小培（2003）认为生产性服务业虽不直接参与生产，但却可以提高产品生产的产出价值和运行效率，体现为一种中间投入，具体包括金融保险业、房产业、信息咨询服务业、计算机应用服务业和科研综合技术服务业。郑昌吉和夏晴（2005）在研究中提出生产性服务业包括四个部分，分别是直接作为工业企业的中间投入、作为商品交换过程的一部分的流通和金融服务、与新生产结构相适应的人力资本的形成所需要的服务以及对整个生产体系进行空间上协调和规制所需要的服务。顾乃华等（2006）指出生产性服务也称作生产者服务，是指那些被其他商品和服务的生产者用作中间投入的服务，对应地，生产性服务业则指生产性服务企业的集合体。在外延上包括资源分配和流通相关的活动（如金融业、培训等）；产品和流程的设计及与创新相关的活动（如研发、设计、工程等）；与生产组织和管理本身相关的活动（如信息咨询、财务、法律服务等）；与生产本身相关的活动（如质量控制、维持运转、后勤等）；与产品的推广和配销相关的活动（如运输、市场营销、广告等)。程大中(2008)指出，那些为生产者提供作为中间投入的服务的部门与行业统称为“生产性服务业”，这一产业存在由“内部化”或“非市场化”向“外部化”或“市场化”演进的过程。韩德超(2012)将生产性服务业分为交通运输、仓储和邮政业，信息传输、计算机服务和软件业，金融业，租赁和商务服务业以及科学研究、技术服务和地质勘查业等部门。原毅军和郭然(2018)认为生产性服务业涵盖了批发和零售业、交通运输和邮电业、金融业和房地产业。

尽管国内外研究学者对生产性服务业存在相对差异化的解释，但本质而言是相似的。生产性服务业是在社会化分工不断发展下从制造业内部独立出来的新兴服务业，它直接或间接地为生产活动提供各种中间服务，把日益专业化的人力资本和知识资本引进制造业，弥补服务业从制造业部门完全割离后的不合理，以促进制造业和服务业的协同发展，其产品和服务并不面向最终消费者，而是用于产品和服务的进一步生产。因此，生产性服务业主要指在商品或其他服务的生产与提供过程中作为投入而发挥作用的服务。根据《国民经济和社会发展第十三个五年规划纲要》的分类，主要包括交通运输、仓储和邮政业，信息传输、计算机服务和软件业，金融业，租赁和商务服务业，科学研究、技术服务和地质勘查业等行业。

## 2.2 中国生产性服务业进口的总体发展现状

### 2.2.1 中国生产性服务业进出口规模分析

根据UN Comtrade数据库提供的数据，在此首先分析中国加入WTO以来，中国生产性服务业[①]进出口规模的情况，如图2-2所示。从生产性服务业进口占总体服务业进口的比重情况看，中国生产性服务业进口占比经历了先上升后下降的过程。受中国入世带来的贸易自由化和全球

① 将UN Comtrade数据库中，EBOPS中第1、3、5~9类作为生产性服务业。EBOPS全称为Extended Balance of Payments Services Classification，1996年，经合组织和欧洲统计局与国际货币基金组织协商，开发了其成员使用的比BPM5更详细的分类，用于居民和非居民之间的国际服务贸易。本文对EBOPS涉及的服务贸易产品进行分类，依据中国国家统计局发布的新修订的《生产性服务业分类(2019)》分类标准识别其中的生产性服务贸易。

化的影响，中国生产性服务业进口占比自2001年至2007年逐渐上升，但2008年以来占比呈现持续下降态势，2018年生产性服务业进口仅占服务业总进口的43.8%，低于2001年的61.7%，由于服务业进口可分为生产性和消费性两大类，这在一定程度上说明中国服务业进口从生产性向消费性方向转变。从生产性服务业出口占总体服务业出口的占比情况看，2001年以来总体呈现上升趋势，占比水平不断提高，已从2001年的42.8%上升到2018年的72.9%，说明生产性服务业出口在中国服务业总出口中居于主导地位。

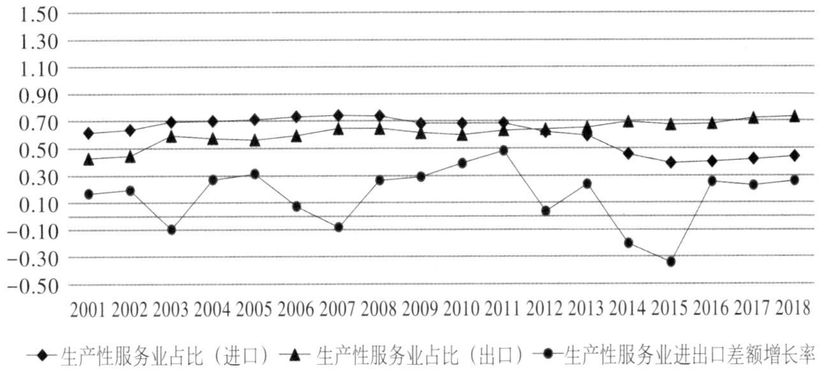


**图2-2 中国生产性服务业进出口规模**

在进出口差额方面，中国服务贸易长期处于逆差状态，由图2-2可知，生产性服务业也长期处于逆差状态。图2-2进一步给出了生产性服务进出口差额的变动情况。由图中可知，2008—2011年间中国生产性服务业的进出口差额增长率为正且持续增长，说明这一时期内，中国的生产性服务业逆差扩大，但2013—2015年中国生产性服务业的逆差有所缩小；2016年以来，中国生产性服务业的逆差增长率相对稳定。此外，经计算发现，2008年以前，生产性服务贸易的逆差规模大于总体服务业，但2008年以后其逆差规模低于总体服务业，说明中国生产性服务贸易趋于平衡的速度快于总体服务贸易。

## 2.2.2 中国生产性服务业进口结构的国际比较

本书进一步利用WIOD数据库提供的世界投入产出表来考察中国的

生产性服务业进口结构情况，并进行国际比较。分别计算了一国生产性服务业进口占该国全部生产性服务的比重（IPS/PS），生产性服务业进口占中间投入的比重（IPS/II）和生产性服务业进口占总投入的比重（IPS/TI），见表2-1。

表2-1 **中国生产性服务业进口结构的国际比较** 单位：%

| 国家/地区 | 1995年 | | | 2003年 | | | 2011年 | | | 2014年 | | |
|---|---|---|---|---|---|---|---|---|---|---|---|---|
| | IPS/PS | IPS/II | IPS/TI | IPS/PS | IPS/II | IPS/TI | IPS/PS | IPS/II | IPS/TI | IPS/PS | IPS/II | IPS/TI |
| 美国 | 2.7 | 1.4 | 0.6 | 2.9 | 1.8 | 0.8 | 4.0 | 2.4 | 1.1 | 3.8 | 2.3 | 1.1 |
| 中国 | 3.3 | 0.7 | 0.4 | 4.3 | 1.0 | 0.6 | 5.4 | 1.1 | 0.8 | 5.1 | 1.1 | 0.8 |
| 日本 | 2.0 | 0.9 | 0.4 | 2.6 | 1.2 | 0.6 | 4.2 | 1.8 | 0.9 | 4.3 | 1.8 | 0.9 |
| 德国 | 5.4 | 2.8 | 1.3 | 7.1 | 4.1 | 1.9 | 8.1 | 4.3 | 2.1 | 8.6 | 4.6 | 2.2 |
| 法国 | 5.6 | 3.0 | 1.4 | 5.5 | 3.2 | 1.5 | 6.5 | 3.7 | 1.7 | 6.9 | 4.0 | 1.8 |
| 巴西 | 3.7 | 1.6 | 0.7 | 5.4 | 2.1 | 1.0 | 6.4 | 2.9 | 1.3 | 6.7 | 3.1 | 1.4 |
| 英国 | 6.6 | 3.3 | 1.6 | 6.5 | 4.1 | 1.9 | 9.0 | 5.7 | 2.7 | 8.9 | 5.6 | 2.7 |
| 意大利 | 6.0 | 2.8 | 1.4 | 5.8 | 3.1 | 1.6 | 7.8 | 4.2 | 2.1 | 8.0 | 4.4 | 2.2 |
| 俄罗斯 | 4.4 | 1.6 | 0.8 | 4.1 | 1.7 | 0.8 | 2.6 | 1.0 | 0.5 | 2.4 | 1.0 | 0.5 |
| 印度 | 6.2 | 1.8 | 0.9 | 2.6 | 0.8 | 0.4 | 3.0 | 1.0 | 0.5 | 2.7 | 0.9 | 0.5 |

注：根据世界投入产出表（WIOT）数据计算。

从纵向上观察中国在上述三个指标中的变动情况，三个指标总体而言呈上升趋势，但绝对值较小。其中从1995年到2003年再到2011年这一阶段，三个指标的值都有明显增长，而在2011年至2014年这一时期，除生产性服务业进口占全部生产性服务的比重（IPS/PS）稍有下降外，另外两个指标的值保持不变。这说明，从1995年到2003年再到2011年中国生产性服务业进口增长率高于全部生产服务、中间投入以及总投入的增长率，而从2011年到2014年中国生产性服务业进口增长率略低于全部生产性服务增长率，与中间投入及总投入的增长率基本一致。由于一国全部生产性服务等于本地生产性服务和进口生产性服务之和，从1995年至2011年中国生产性服务业进口的增长率大于本地生产性服务增长率，而从2011年至2014年中国生产性服务业进口的增长率则小于本地生产性服务增长率。另外，由PS/II=（IPS/II）/（IPS/PS）可以计算得到中国全部生产性服务占中间投入的比重，经计算发现，1995年为21.2%，2011年为20.4%，2014年为21.6%，即全部生产性服务占中间投入的比重（PS/II）先下降后有所上升，总体保持稳定。结合中国生产性服务业进口增长情况，可以看出，本地生产性服务业发展缓慢会导致全部生产性服务占中间投入的比重（PS/II）停滞。同理，对全部生产性服务占总投入的比重（PS/TI）进行分析，结论也类似，即本地生产性服务的发展缓慢会导致全部生产性服务占总投入的比重（PS/TI）停滞。

进一步对比中国与全球主要大型经济体的情况。中国生产性服务业进口占该国全部生产性服务的比重（IPS/PS）略高于美国、俄罗斯和印度，但远低于其他经济体。这在一定程度上说明，全球主要国家会通过进口本国所需的生产性服务业发展本国经济，同时中国生产性服务业进口规模在全球范围看并不高。对比中国生产性服务业进口占中间投入的比重（IPS/II）和生产性服务业进口占总投入的比重（IPS/TI）与全球主要大型经济体的情况，不难看到，2014年，中国这一比重仅略高于俄罗斯和印度，远低于其他主要经济体。这在一定程度上说明，可以进一步增加中国生产性服务业进口在中间投入和总投入中的比重，扩大中国生产性服务业进口。

### 2.2.3 中国生产性服务业进口：增加值贸易视角的分析[①]

现有研究表明，部分服务业的增加值会隐含在其他部门的进口中而间接进口，以传统的总值贸易统计来衡量生产性服务业进口的情况，会一定程度上低估生产性服务业进口的贡献。近年来，关于全球价值链核算的文献（如Johnson和Noguera，2012；Koopman等，2014）提出了对隐含在制造业产品中的服务业的间接进口进行科学测度的方法，这些方法为更为细致深入地理解中国生产性服务业进口提供可能。本书利用

① 增加值出口是对最终需求产品中隐含的增加值进行分解，而出口的增加值分解是对全值出口中的国内增加值和国外增加值成分分解。相比而言，增加值出口关注一国的出口是如何被进口国使用和吸收的，结合研究需要，在此从增加值贸易的视角进行考察。

Wang等（2013）的分国家分行业的总出口分解方法考察中国生产性服务贸易进口情况，该方法的优点是将一国的总出口分解公式拓展到双边分行业层面，构建行业层面的总出口分解公式，这一方法是目前为止，在行业层面测算增加值贸易较为科学的方法（见表2-2）。

表2-2 **传统总值贸易统计和增加值贸易核算法下中国生产性服务业进口的行业结构比较**

单位：%

| 项目 | 总值进口 | DVA | VAX_F |
|---|---|---|---|
| 设备维修及安装 | 1.88 | 1.81 | 0.23 |
| 批发、零售及机动车维修 | 9.47 | 10.65 | 9.19 |
| 运输和仓储 | 5.56 | 5.72 | 5.76 |
| 电信 | 0.24 | 0.26 | 0.81 |
| IT和其他信息服务 | 0.47 | 0.51 | 1.29 |
| 金融与保险 | 0.90 | 1.01 | 3.97 |
| 其他商务服务 | 1.68 | 1.88 | 8.16 |
| 合计 | 20.2 | 21.84 | 29.41 |

注：表中为2014年数据，作者根据TiVA数据库和UIBE全球价值链数据库计算得到。

Wang等（2013）基于产业部门前向联系[①]的增加值出口（VAX_F）包含了一个特定部门增加值通过隐含于本国其他部门出口而导致的间接出口，换言之，基于产业部门前向联系计算的间接增加值进口包含了隐含于其他部门进口中该部门的增加值被进口国吸收的部分。同时，本书还给出了基于后向联系的国外增加值情况（DVA）。

表2-2显示了2014年以传统总值贸易统计、前向联系的贸易增加值统计（VAX_F）和后向联系的国外增加值统计（DVA）计算的中国生产性服务业细分行业进口占总进口的比重情况。从传统总值贸易统计看，2014年中国生产性服务业进口占比20.2%，从DVA角度看，生产性服务业来自国外的增加值进口占比为21.84%，略高于传统统计。从增加值进口（前向联系）来看，生产性服务业增加值进口的比重为29.41%，比传

① 增加值贸易细化到产品部门，在国家产品部门层面可分为前向增加值贸易和后向增加值贸易，即前向联系和后向联系，其中前向联系指被进口国最终吸收的来自出口国某一特定部门创造的增加值；后向联系指进口国对来自出口国某一特定部门的进口的国外增加值部分，这一增加值可以在出口国任意部门形成。

统总值贸易统计计算的生产性服务业进口比重（20.2%）高出9个百分点。可见，传统总值贸易统计方法一定程度上低估了中国生产性服务业进口。从生产性服务业细分行业来看，运输和仓储、电信、IT和其他信息服务、金融与保险以及其他商务服务这些主要生产性服务业基于前向联系的贸易增加值统计的进口占比均高于传统总值贸易的占比，一定程度上说明传统统计存在对主要生产性服务业统计低估的情况，有必要利用增加值贸易核算方法对生产性服务业进口的作用进行研究和考察。

本书进一步考察基于传统总值核算法和基于增加值贸易方法测度的中国生产性服务业进口来源国情况，其中增加值进口的数据使用前向联系的（VAX_F）指标进行分析，具体情况参见表2-3和表2-4。

表2-3　**增加值贸易核算法下中国生产性服务业进口国别（地区）结构**　单位：%

| 国家/地区 | 2000年 | 2002年 | 2004年 | 2006年 | 2008年 | 2009年 | 2010年 | 2011年 | 2012年 | 2013年 | 2014年 |
|---|---|---|---|---|---|---|---|---|---|---|---|
| 发达国家 | 56.82 | 58.01 | 61.15 | 59.00 | 59.87 | 59.76 | 57.05 | 55.08 | 52.79 | 52.05 | 53.17 |
| 美国 | 12.47 | 12.22 | 10.31 | 11.04 | 10.70 | 11.31 | 10.65 | 10.43 | 11.19 | 11.22 | 11.89 |
| 日本 | 15.22 | 14.76 | 15.05 | 12.96 | 11.13 | 10.70 | 10.93 | 9.81 | 8.53 | 6.91 | 6.55 |
| 澳大利亚 | 3.09 | 2.86 | 2.78 | 3.10 | 3.54 | 3.93 | 4.45 | 4.72 | 4.53 | 4.88 | 4.41 |
| 加拿大 | 1.50 | 1.31 | 1.42 | 1.56 | 1.61 | 1.51 | 1.54 | 1.60 | 1.67 | 1.63 | 1.38 |
| 德国 | 5.78 | 7.40 | 8.66 | 8.57 | 9.54 | 9.64 | 8.49 | 8.55 | 7.77 | 7.88 | 8.71 |
| 法国 | 3.75 | 3.94 | 4.29 | 4.25 | 4.77 | 4.42 | 4.34 | 3.56 | 3.52 | 3.71 | 3.73 |
| 英国 | 3.84 | 3.67 | 3.76 | 3.74 | 3.44 | 3.18 | 3.04 | 3.05 | 3.23 | 3.47 | 3.70 |
| 意大利 | 2.25 | 2.58 | 2.73 | 2.63 | 2.51 | 2.24 | 2.03 | 2.01 | 1.83 | 1.85 | 1.89 |
| 荷兰 | 1.86 | 1.71 | 3.71 | 2.94 | 3.26 | 3.50 | 2.91 | 2.67 | 2.25 | 2.19 | 2.33 |
| 西班牙 | 0.72 | 0.82 | 0.95 | 0.94 | 0.97 | 0.87 | 0.79 | 0.82 | 0.80 | 0.80 | 0.83 |
| 比利时 | 0.80 | 1.06 | 0.93 | 0.95 | 1.15 | 1.28 | 1.21 | 1.26 | 1.29 | 1.15 | 1.24 |
| 新形工业经济体 | 10.52 | 10.73 | 10.79 | 10.23 | 8.08 | 8.22 | 8.20 | 7.62 | 7.57 | 7.76 | 8.15 |
| 韩国 | 4.81 | 5.04 | 5.90 | 5.73 | 4.89 | 5.38 | 5.29 | 5.10 | 5.13 | 5.37 | 5.71 |
| 中国台湾 | 5.71 | 5.70 | 4.89 | 4.49 | 3.19 | 2.84 | 2.90 | 2.52 | 2.44 | 2.39 | 2.44 |
| 金砖国家 | 5.06 | 5.33 | 5.53 | 7.13 | 8.04 | 7.56 | 8.31 | 9.18 | 8.93 | 8.28 | 7.68 |
| 巴西 | 1.65 | 1.26 | 1.28 | 1.87 | 2.42 | 2.49 | 2.73 | 2.91 | 2.89 | 2.69 | 2.43 |
| 印度 | 0.90 | 1.13 | 1.58 | 1.82 | 1.62 | 1.68 | 1.95 | 1.70 | 1.52 | 1.55 | 1.46 |
| 俄罗斯 | 2.51 | 2.94 | 2.67 | 3.44 | 3.99 | 3.39 | 3.63 | 4.56 | 4.51 | 4.04 | 3.80 |
| 其他发展中国家 | 27.60 | 25.92 | 22.53 | 23.64 | 24.00 | 24.45 | 26.45 | 28.13 | 30.71 | 31.91 | 30.99 |

注：根据UIBE全球价值链数据库计算。

表2-4 总值贸易核算法下中国生产性服务业进口国别（地区）结构　单位：%

| 国家/地区 | 2000年 | 2002年 | 2004年 | 2006年 | 2008年 | 2009年 | 2010年 | 2011年 | 2012年 | 2013年 | 2014年 |
|---|---|---|---|---|---|---|---|---|---|---|---|
| 发达国家 | 51.04 | 46.99 | 53.16 | 49.75 | 51.79 | 61.33 | 56.69 | 53.73 | 50.72 | 49.96 | 50.29 |
| 美国 | 9.36 | 7.92 | 6.15 | 7.94 | 9.64 | 12.04 | 10.72 | 11.72 | 11.78 | 11.64 | 12.95 |
| 日本 | 5.12 | 3.58 | 4.44 | 3.46 | 2.15 | 2.45 | 2.87 | 3.20 | 3.27 | 2.00 | 1.49 |
| 澳大利亚 | 8.03 | 6.81 | 6.11 | 6.15 | 4.80 | 5.43 | 5.40 | 5.22 | 5.43 | 5.90 | 5.27 |
| 加拿大 | 1.87 | 1.29 | 1.37 | 1.68 | 1.41 | 1.33 | 1.44 | 1.38 | 1.44 | 1.28 | 0.71 |
| 德国 | 8.00 | 8.39 | 9.07 | 9.01 | 9.81 | 11.55 | 8.88 | 8.92 | 7.64 | 8.52 | 9.13 |
| 法国 | 3.88 | 4.88 | 5.10 | 5.01 | 6.23 | 7.10 | 7.57 | 4.59 | 4.80 | 5.42 | 4.83 |
| 英国 | 3.70 | 2.71 | 2.03 | 2.41 | 2.34 | 2.72 | 2.92 | 2.86 | 3.06 | 3.00 | 3.22 |
| 意大利 | 0.92 | 1.05 | 0.89 | 0.86 | 1.05 | 1.08 | 1.09 | 1.05 | 1.00 | 0.96 | 0.94 |
| 荷兰 | 3.59 | 2.36 | 10.25 | 6.01 | 5.96 | 7.66 | 6.57 | 5.55 | 4.03 | 3.36 | 3.51 |
| 西班牙 | 0.17 | 0.13 | 0.14 | 0.15 | 0.13 | 0.27 | 0.37 | 0.37 | 0.35 | 0.32 | 0.31 |
| 比利时 | 0.79 | 1.78 | 0.69 | 0.89 | 1.20 | 1.70 | 2.02 | 2.21 | 2.25 | 1.66 | 1.82 |
| 新形工业经济体 | 12.78 | 11.02 | 11.67 | 11.02 | 7.67 | 6.31 | 7.05 | 6.27 | 7.23 | 8.12 | 9.30 |
| 韩国 | 5.43 | 3.41 | 4.75 | 5.30 | 4.37 | 3.46 | 3.90 | 3.71 | 4.82 | 5.51 | 6.60 |
| 中国台湾 | 7.35 | 7.61 | 6.92 | 5.72 | 3.30 | 2.85 | 3.14 | 2.56 | 2.40 | 2.61 | 2.70 |
| 金砖国家 | 7.52 | 6.41 | 6.34 | 10.25 | 9.29 | 7.52 | 7.94 | 10.39 | 9.76 | 7.40 | 6.74 |
| 巴西 | 5.02 | 1.88 | 1.41 | 2.55 | 3.19 | 2.66 | 2.73 | 2.60 | 2.63 | 2.35 | 1.99 |
| 印度 | 0.52 | 0.36 | 0.33 | 0.36 | 0.34 | 0.38 | 0.42 | 0.40 | 0.32 | 0.29 | 0.26 |
| 俄罗斯 | 1.98 | 4.17 | 4.60 | 7.34 | 5.76 | 4.47 | 4.79 | 7.39 | 6.81 | 4.76 | 4.48 |
| 其他发展中国家 | 28.66 | 35.57 | 28.82 | 28.98 | 31.25 | 24.84 | 28.33 | 29.62 | 32.29 | 34.52 | 33.67 |

注：根据UIBE全球价值链数据库计算。

由表2-3可知，基于前向联系的中国生产性服务业增加值进口来源地主要来自以美日为首的发达国家，其次是韩国和中国台湾等新兴工业经济体、金砖国家等，具体来看：

一方面，中国的生产性服务业进口大部分来自于发达国家，占比基本稳定。2000—2014年间来自发达国家的生产性服务业进口份额一直稳定在52%以上，2013年为最低的52.05%，整体而言始终维持一半以上占比。其中，来自日本的进口占比最大，在6.55%~15.22%波动，波动幅度较大。来自日本的进口份额在2000年达到最高的15.22%，在2001—2014年间，除了在2003年和2004年有小幅度上升外，其他年份均呈现出快速下降的趋势，且在2014年降为了最低的6.55%，不足2000年的一半；除日本之外，来自美国的进口份额也相对较高，且更加稳定，保持在10.31%~13.15%波动，在2001年达到最高的13.15%，在2004年降为了最低的10.31%；其次是德国，进口份额在6.90%~9.64%；法国、澳大利亚、英国等其他发达国家次之，占比基本在5%以内。

另一方面，来自韩国、中国台湾等新兴工业经济体的服务进口比重较大且稳中有降，介于7.57%~11.20%，2005年进口份额达到最高的11.20%，从2006年起下降幅度明显增大，2012年达到降值最低的7.57%，2013年和2014年则略有回升；来自金砖国家的服务进口份额不大但稳定上升，在5.06%~9.18%波动。其中来自俄罗斯的进口份额最大，巴西次之，印度的份额最小；来自其他发展中国家的份额也较大，在21.82%~31.91%波动（见表2-3）。

表2-4是基于传统总值核算法测算出来的2000—2014年中国生产性服务业进口的国别（地区）结构，与表2-3的测算结果相对比，可以发现：

第一，两种核算方法的测算结果都显示，发达国家是中国生产性服务业进口的主要来源地，但基于附加值贸易测算的生产性服务业进口结构中，来自发达国家的份额相对较大且比较平稳，在52.05%~61.15%，而基于传统总值法测算的结果中，来自发达国家的份额相对较小且波动较大，在46.99%~61.33%。可能原因在于虽然2000年以来，中国来自发达国家的生产性服务业进口比重总体上升很快，进而使通过生产性服务业进口直接实现的生产性服务业附加值进口上升很快，但与此同时中国来自发达国家的货物进口比重却有所下降，使通过货物进口而间接实现的生产性服务业附加值进口有所下降，因此二者相抵使得中国来自发达国家的生产性服务业附加值进口比重基本保持稳定。

第二，根据传统总值核算法的测算结果中，中国生产性服务业进口来自美国的比重最大且上升快速，从2000年的9.36%到2014年最高的12.95%，而基于附加值贸易核算法测算的结果显示从美国的进口比重显现稳中有降，在10.31%～13.15%。这主要是因为样本期间中国来自美国的货物进口比重下降导致通过货物进口间接实现的生产性服务业附加值进口有所下降，部分抵消了由生产性服务业进口直接实现的生产性服务业附加值进口，从而使得中国来自美国的生产性服务附加值进口比重处于较为稳定的状态。

第三，基于传统总值核算法的测算结果中，日本比重较低，而在基于附加值贸易法的测算结果中，日本是占比最大的国家，两者的结果相差较大；而荷兰和澳大利亚则相反，基于传统贸易核算法的比重要高于附加值贸易核算法的结果。这是因为尽管中国从日本直接进口的生产性服务比重不大，但中国的货物进口中日本所占比重较大，这导致通过货物进口而间接进口的生产性服务业附加值较大，进而使得中国来自日本的生产性服务业附加值进口比重也较大；而荷兰和澳大利亚的情况则与日本相反，尽管中国直接来自这两国的生产性服务业进口比重较大，但中国货物进口中两国比重较小，导致通过货物进口而间接进口的生产性服务业附加值较少，进而使得中国来自两国的生产性服务业附加值进口比重也较小。

第四，两种核算方法的测算结果都表明，中国来自新兴工业经济体的生产性服务进口比重均处于下降趋势，但基于传统总值法的测算结果中中国台湾所占比重较大，下降趋势也更加明显，在2.40%~7.73%波动。而基于附加值贸易法的测算结果中来自中国台湾的进口比重较小，且下降幅度较小，在2.39%~5.32%波动，这主要是样本期间中国货物进口中中国台湾所占比重较小，而直接进口的生产性服务比重较大。

第五，基于附加值贸易法的测算结果表明，中国来自金砖国家的生产性服务进口比重有所上升，而基于传统总值核算法的测算结果显示，金砖国家的比重较为平稳，这也与中国货物进口中金砖国家比重不断上升密切相关。

## 2.3 中国生产性服务业进口细分行业的发展情况

### 2.3.1 中国生产性服务业进口各细分行业占比情况

图2-3为根据UN Comtrade数据库提供的数据计算的中国生产性服务业各细分行业的进口占比情况，由图中可知，运输服务业进口占比最高，约占中国生产性服务业进口的一半，且全球金融危机以后，占比呈上升趋势。可见，中国生产性服务贸易进口以传统型服务贸易（运输服务业）进口为主。运输服务进口的增长与中国货物贸易的迅猛发展有关，它解决了中国国际贸易发展所引致的运能不足问题，对中国对外经济发展发挥了重要的载体作用。保险金融服务的占比相对较高，说明中国经济发展所需的保险服务很大部分由外部供给；金融服务进口占比相对较低，相对于中国金融业的规模而言，中国金融服务的国际化水平较低，开放程度不足是形成这一局面的重要原因。特许权使用费和许可费的占比上升，说明中国对技术性专业服务的需求在逐渐增强。整体而言，金融和保险服务、信息化服务等现代生产性服务业进口的占比和水平相对较低，中国生产性服务贸易进口结构不尽合理，仍有待进一步改善。

图2-3 中国生产性服务业进口各细分行业占比

### 2.3.2 中国生产性服务业各细分行业进口的供应模式情况

本书进一步利用WTO提供的服务贸易供应模式数据库（TISMOS）有关数据，对近年来中国生产性服务业各细分行业进口的供应模式情况进行分析与说明。

图2-4描述了2006年以来中国交通运输业进口细分供应模式的进口情况。由图中可知，中国交通运输业在供应模式1和供应模式3下的进口增长率趋势大体相同，而供应模式2的增长率波动较大。从细分行业的角度来看，2006—2011年间海洋运输、航空运输和其他运输的增长趋势大致相同且波动幅度不大，2006—2009年增长率缓慢下降，在2009年达到负增长，增长率分别为-2.09%、-7.93%和-37.87%，次年增长率得到提升，分别回升到35.01%、32.34%和41.06%；邮政快递运输在2006—2011年增长率变化幅度较大，2007年增长率最高，达到127.14%，但是在2009年增长率下降到-58.07%，随后又增长至89.68%。2011年邮政快递运输行业的进口增长率和其他几种行业的增长率下降至基本相同的水平，并且在2011—2017年间的变化趋势也基本相同，其中2011—2015年缓慢下降至负增长，随后又稳步上升。

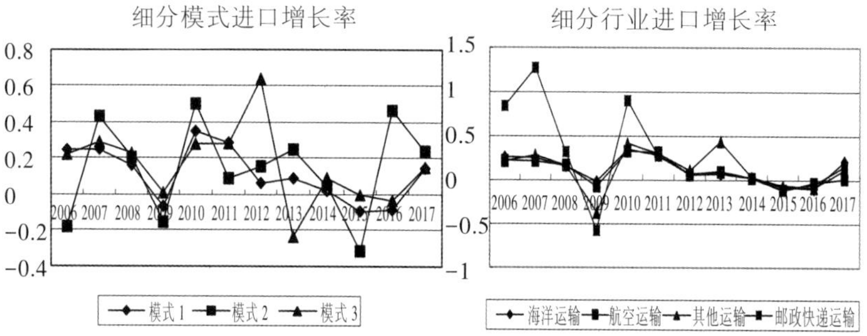


**图2-4 中国交通运输业进口情况**

注：细分行业进口增长率基于供应模式1下计算得到。

图2-5给出2006年以来中国保险和金融业进口情况，发现供应模式3的增长率高于供应模式1，即商业存在的进口增长率快于传统跨境交付。对比金融业和保险业，发现保险业的进口增长相对平稳，而金融

业进口的增长变动较大。具体而言，中国保险和金融业2006—2017年跨境交付进口稳步增长，自2013年来，增长率缓慢下降，但仍然是正增长。跨境商业存在进口增长率总体下降，由2006年35.15%下降到2017年的-19.54%，受经济危机等其他因素的影响在2009年负增长率（-10.20%）之后，2010年达到了增长率的最高点，为43.42%，随后呈下降趋势，在2015年下降到-58.24%之后，2016年增长率达到30.67%，2017年又恢复负增长。

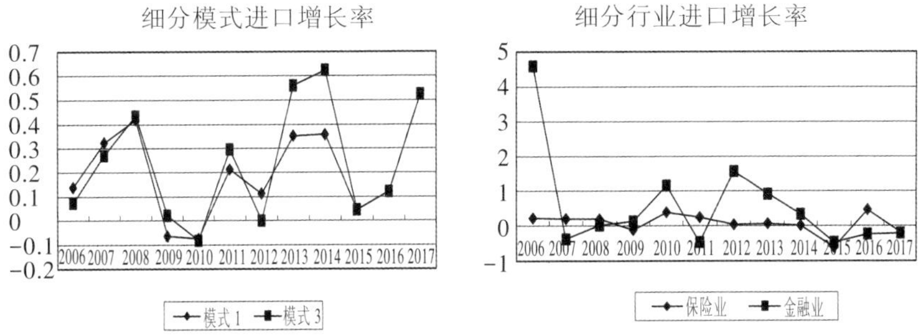


**图2-5 中国保险和金融业进口情况**

注：细分行业进口增长率基于供应模式1下计算得到。

从细分行业来看，保险业2006—2017年总体增长率基本稳定，除2009年、2015年、2017年为负增长率（分别为-11.25%、-60.83%和-19.39%）外，其他年份增长率均为正值。金融业的跨境交付进口波动较大，从2006年增长率459.00%降到2017年的-20.47%，2007年下降到-37.5%之后，金融业的跨境交付进口增长了经历了上升的阶段，在2011年上涨态势被打破，2012—2015年持续下降至-46.47%后开始呈缓慢上升趋势。

图2-6考察了2006年以来中国电信和计算机行业进口情况，中国电信和计算机以跨境交付和跨境资本流动进口的增长率趋势基本相同，总体来看呈上升趋势，2006年二者的增长率分别为13.74%和7.34%，2017年分别为52.45%和52.45%，2010年两种模式的增长率均为负值，分别为-7.51%和-8.27%，随后曲折上升。

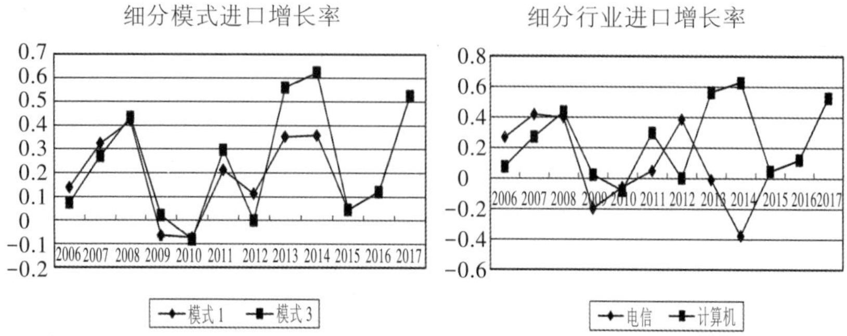


**图2-6 中国电信和计算机行业进口情况**

注：细分行业进口增长率基于供应模式1下计算得到。

从细分行业来看，2006年至2014年电信行业的进口增长率总体下降，从2006年的26.63%下降到2014年的4.48%，2009年受经济危机影响，增长率下降到−19.90%，之后上升到2012年的38.35%，但是仍然没有恢复到2009年之前的增长状态，2012年至2014年，增长率持续下降。计算机行业2006年至2014年进口增长率总体在波动中上升，由2006年的7.34%增长到62.45%。自2015年，电信行业和计算机行业的进口增长率开始保持一致，2015年增长率为4.48%，2017年上升至54.45%。

图2-7中，2006年至2017年中国批发和零售贸易、汽车和摩托车修理行业的供应模式1进口增长率基本稳定，跨境交付的进口增长率在2008年最低，为−9.90%，2010年最高，为38.82%，总体来看波动较小，2017年增长率为15.38%。供应模式3的进口增长率总体波动较大，2006年至2011年较为平缓，增长率基本在30%左右，除2009年负增长（−8.33%）外，2012年增长率骤降至−58.96%，次年上升至199.49%，达到了近十年来最高的增长率水平，但随后增长率基本维持在3%，2017年为6.01%。

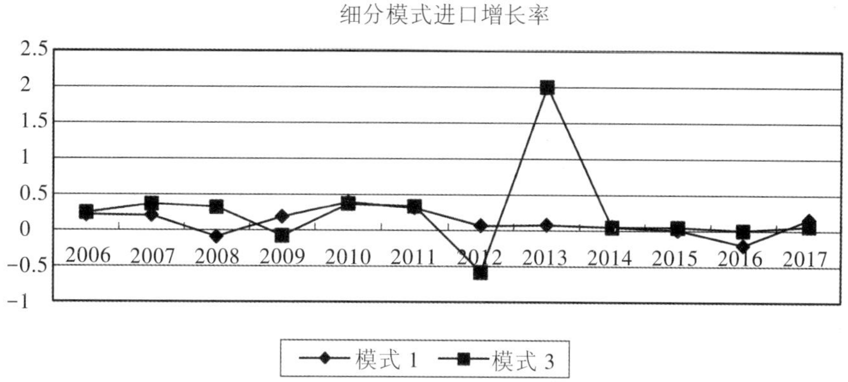


图 2-7 中国批发和零售贸易、汽车和摩托车修理行业进口情况

## 2.4 中国与世界主要贸易伙伴的生产性服务业进口情况分析

当前全球服务贸易主要集中在欧美与东亚地区，并且发达国家凭借国内服务业悠久的发展历史和良好的发展基础，一直占据着国际服务贸易的主导地位。与发达国家相比，中国服务贸易起步较晚，目前仍处于产业发展初期。本部分针对中国与主要贸易伙伴的生产性服务业进口规模和结构情况进行分析。

### 2.4.1 中美贸易中的生产性服务贸易进口①

2015—2017 年，美国是中国服务贸易逆差的第一大来源地，2018 年随着中国对美国服务贸易出口的下降，以及中国自欧盟服务贸易进口的快速增长，中美服务贸易逆差收窄，同时中欧服务贸易逆差大幅扩大。欧盟超越美国跃居中国第一大服务贸易逆差来源地。作为中国服务贸易逆差的主要来源国，中美双边生产性服务贸易情况值得研究和考察。

① 本部分数据根据中国商务部《全球价值链与中国贸易增加值核算研究报告》计算整理，下同。

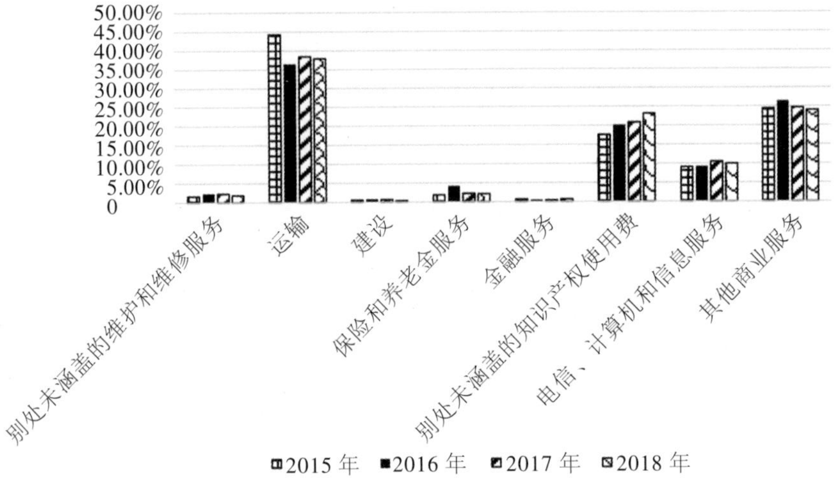


图2-8 中国从美国进口生产性服务业情况

由图2-8和表2-5可知，中国从美国的生产性服务业进口主要是运输行业，2018年进口总值达141.1亿美元，2015年占从美国生产性服务业进口的44.24%，2018年这一比例为37.8%。美国的集装箱运输方式发展较早，且通过在国外设立分支机构的方式实现服务贸易出口，一方面，由于中国目前货物运输能力无法完全满足世界市场对货物贸易的需求，尤其是对于集装箱运输的需求，因此需要从其他国家进口；另一方面，在东亚生产网络分工体系下，美国作为中国的货物贸易进口大国，也一定程度上增加了中国对美国的运输服务的规模。别处未涵盖的知识产权使用费的进口居中国自美国生产性服务业进口第二位，且知识产权费用的增加值进口增长较快。美国知识产权出口额占全球总量高达30%，首先中国是美国重要的知识产权出口市场，涉及工业生产过程和产品的知识产权许可与转让是中美知识产权使用费的主要内容；其次是商标使用许可和计算机软件权利使用费。中国从美国的金融行业进口和建设行业进口相对较低，2015年以来各进口行业地位无明显变化，考虑进口增加值后，各行业的相对位置也无实质性变动。

表2-5 **中国从美国进口生产性服务业总值及增加值** 单位：亿美元

| 项目 | 进口总值 | | | | 进口增加值 | | | |
| --- | --- | --- | --- | --- | --- | --- | --- | --- |
| | 2015年 | 2016年 | 2017年 | 2018年 | 2015年 | 2016年 | 2017年 | 2018年 |
| 别处未涵盖的维护和维修服务 | 4.8 | 7.3 | 7.7 | 6.9 | 4.4 | 6.7 | 7.1 | 6.4 |
| 运输 | 132.5 | 113.2 | 131.4 | 141.1 | 115.3 | 99.2 | 115.4 | 124.3 |
| 建设 | 1.7 | 2.5 | 2.3 | 1.5 | 1.5 | 2.2 | 2 | 1.4 |
| 保险和养老金服务 | 5.6 | 12.9 | 7.5 | 7.8 | 5.1 | 11.7 | 6.8 | 7.1 |
| 金融服务 | 2.1 | 1.5 | 1.5 | 2.4 | 2 | 1.4 | 1.4 | 2.3 |
| 别处未涵盖的知识产权使用费 | 52.6 | 62.6 | 71.4 | 86.4 | 49.3 | 58.8 | 66.8 | 80.9 |
| 电信、计算机和信息服务 | 27.1 | 28.5 | 35.9 | 37 | 24.6 | 25.9 | 32.6 | 33.6 |
| 其他商业服务 | 73.1 | 81.9 | 84.4 | 89.4 | 69 | 77.7 | 79.9 | 84.7 |
| 合计 | 299.5 | 310.4 | 342.1 | 372.5 | 271.2 | 283.6 | 312 | 340.7 |

进一步分析中国与美国生产性服务贸易差额情况，见表2-6。从表中可知，与进口行业相似，运输业和知识产权使用费是中美生产性服务贸易中逆差最大的两个行业。中国在电信、计算机和信息服务贸易方面处于贸易顺差地位，这在一定程度上是因为随着发达国家产业升级，美国将计算机和信息服务贸易内附加值较低的环节以外包的形式转移到国外，而中国又是主要外包承接国。中国企业承接该类服务多以承接跨国公司外包业务方式完成，通过知识产权许可或者转让，这种方式带来的实际效益较低，同时也在一定程度上扩大了中国在知识产权服务贸易上对美国的逆差。在金融服务上中国处于顺差地位，但顺差差额较小。2016年顺差额达到最大值1亿美元。在其他商业服务上中国从美国进口规模在扩大，特别是在2016年进口同比增长12.04%，中国在其他商业服务上处于顺差地位，差额每年以较低速度下降。

表2-6　　**中国与美国生产性服务贸易差额**　　单位：亿美元

| 项目 | 贸易总值差额 | | | | 增加值差额 | | | |
|---|---|---|---|---|---|---|---|---|
| | 2015年 | 2016年 | 2017年 | 2018年 | 2015年 | 2016年 | 2017年 | 2018年 |
| 别处未涵盖的维护和维修服务 | -0.3 | 4.2 | 4 | 4.6 | -0.7 | 2.8 | 3.1 | 3.6 |
| 运输 | -57.2 | -70.7 | -89.7 | -91 | -55.1 | -65.6 | -78.8 | -80.3 |
| 建设 | 0.3 | -0.6 | - | 0.1 | 0.2 | -0.6 | 0 | 0.1 |
| 保险和养老金服务 | -1.6 | -11 | -6 | -6 | -1.4 | -9.9 | -5.4 | -5.4 |
| 金融服务 | 0.3 | 1 | 1 | 0.7 | 0.3 | 1 | 1 | 0.6 |
| 别处未涵盖的知识产权使用费 | -49.8 | -61.1 | -50.8 | -48.1 | -46.9 | -57.5 | -48.3 | -46.5 |
| 电信、计算机和信息服务 | 37.8 | 37.6 | 41.2 | 44.5 | 34.5 | 34.1 | 37.1 | 40.1 |
| 其他商业服务 | 47.5 | 33.9 | 36.9 | 47.2 | 35.5 | 22.7 | 29.2 | 38.2 |
| 合计 | -23 | -66.7 | -63.4 | -48 | -33.6 | -73 | -62.1 | -49.6 |

注：贸易差额均为中国向美国出口减去中国从美国进口，负值为中国服务贸易逆差，正值为顺差，下同。

### 2.4.2　中欧贸易中的生产性服务贸易进口

近年来，欧盟一直是中国第二大服务贸易伙伴，且中欧服务贸易维持较大幅度的增长。随着“一带一路”的推进，中国同欧盟的贸易往来更加密切。图2-9和表2-7提供了2015年以来双方生产性服务贸易的往来情况。由表2-7可知，中国从欧盟进口生产性服务业总值从2015年的407.5亿美元，增至2018年的595.9亿美元，进口增速呈上升趋势，年均增速13.67%。如图2-9所示，中国从欧盟进口较多的是运输、其他商业服务和知识产权使用费。

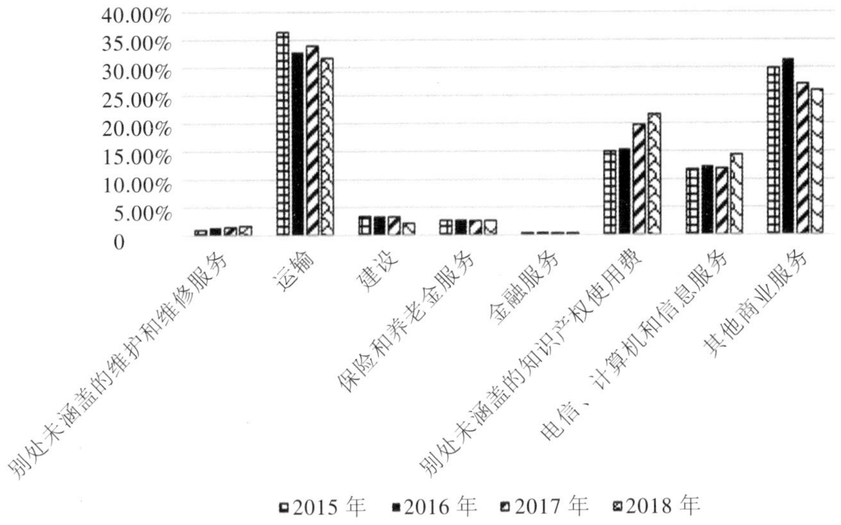


图 2-9　中国从欧盟进口生产性服务业情况

其中，在运输服务方面，运输服务进口一直占中国生产性服务业从欧盟进口主要部分。2016年中国从欧盟运输服务的进口有所下降，这一定程度上是由于航运业产能过剩以及经济形势不景气导致的需求疲软所引起的，贸易不景气也导致航空业目前仍然处于供过于求的状态。随着行业开始着手应对供应过剩，集装箱运输价格在2016年年底有所改善，2017年开始运输服务的进口有所上升。

其他商业服务贸易长期以来是欧盟服务贸易出口的主要细项。欧盟的其他商业服务主要包括研发服务、专业咨询服务、技术贸易服务、建筑、工程和科学服务、传输服务（如水、天然气、石油的配送、配点服务等）等其他服务。在其他商业服务上中国从欧盟进口规模在扩大，年均增速8.46%，特别是在2018年进口增长较大，同比增长14.84%。但其他商业服务占中国从欧盟生产性服务业进口的比重有明显的下降趋势，2015年占比29.79%，2016年虽有所上升，但在2017年和2018年连续两年下降，2018年下降到占比为25.84%。

欧盟一直是中国累计最大的技术供应方，在别处未涵盖的知识产权使用费占中国从欧盟生产性服务业进口的比重逐年增加，2015年占比仅为14.92%，2018年上升为21.58%。

表2-7中，中国从欧盟进口的生产性服务业进口总值和进口增加值规模的变动方向基本一致，除运输行业外，多数生产性服务业的进口总值和进口增加值相对接近；但进口增加值的总体结果低于进口总值的统计，这在一定程度上说明中国从欧盟生产性服务业进口规模存在一定程度的高估。

表2-7 **中国从欧盟进口生产性服务业总值及增加值** 单位：亿美元

| 项目 | 进口总值 | | | | 进口增加值 | | | |
|---|---|---|---|---|---|---|---|---|
| | 2015年 | 2016年 | 2017年 | 2018年 | 2015年 | 2016年 | 2017年 | 2018年 |
| 别处未涵盖的维护和维修服务 | 3.7 | 5.9 | 7.2 | 9.7 | 3.2 | 5.1 | 6.3 | 8.5 |
| 运输 | 148.3 | 140.6 | 168.6 | 188.7 | 17.4 | 16.7 | 19.6 | 22 |
| 建设 | 13.6 | 14.5 | 16.1 | 12.5 | 11.9 | 12.7 | 14.2 | 11 |
| 保险和养老金服务 | 10.6 | 11.8 | 12.7 | 15.3 | 9.2 | 10.2 | 11 | 13.3 |
| 金融服务 | 1.4 | 2.2 | 1.5 | 1.7 | 1.3 | 2 | 1.4 | 1.5 |
| 别处未涵盖的知识产权使用费 | 60.8 | 66.2 | 97.7 | 128.6 | 51.5 | 55.3 | 81.5 | 107.3 |
| 电信、计算机和信息服务 | 47.7 | 53 | 59 | 85.4 | 42.9 | 47.8 | 53.2 | 77 |
| 其他商业服务 | 121.4 | 135.2 | 134.1 | 154 | 102.8 | 112.9 | 111.9 | 128.5 |
| 合计 | 407.5 | 429.4 | 496.9 | 595.9 | 240.2 | 262.7 | 299.1 | 369.1 |

表2-8给出中欧生产性服务贸易的差额情况，中欧生产性服务贸易长期处于逆差情况，2015—2018年总值口径下中欧生产性服务贸易逆差由129.4亿美元扩大至265.5亿美元，增加值口径下中欧生产性服务贸易也由4.8亿美元顺差转变为72.8亿美元逆差。由表2-8细分行业的进出口差额情况可知，中国从欧盟进口比较多的不仅有运输等劳动密集型传统生产性服务，还有如知识产权使用费等技术、资本和知识密集型的新型生产性服务。欧盟从中国进口大量的传统生产性服务，如维护和维修服务，进口部分新兴生产性服务贸易，如电信、计算机和信息服务。从总体逆差的结果不难看出，中国与欧盟在生产性服务贸易发展水平上存在一定差距。

表2-8　　中国与欧盟生产性服务贸易差额　　单位：亿美元

| 项目 | 贸易总值差额 | | | | 增加值差额 | | | |
|---|---|---|---|---|---|---|---|---|
| | 2015年 | 2016年 | 2017年 | 2018年 | 2015年 | 2016年 | 2017年 | 2018年 |
| 别处未涵盖的维护和维修服务 | 13.4 | 7.7 | 6 | 5.2 | 11.5 | 6.5 | 4.9 | 4.4 |
| 运输 | -101.2 | -93.1 | -112.3 | -129.2 | 23.6 | 24.8 | 29.6 | 30.3 |
| 建设 | -3.6 | -2.4 | -6.3 | -6.7 | -3 | -2 | -5.5 | -5.8 |
| 保险和养老金服务 | -4.6 | -5.5 | -6.1 | -8.8 | -3.8 | -4.5 | -5 | -7 |
| 金融服务 | 0.9 | 0.2 | 1.9 | 0.6 | 0.9 | 0.3 | 1.8 | 0.7 |
| 别处未涵盖的知识产权使用费 | -59.3 | -62 | -81.6 | -122.2 | -51.2 | -53.4 | -69.8 | -101.6 |
| 电信、计算机和信息服务 | 13.9 | 23.5 | 8.5 | -5.3 | 12.4 | 21.1 | 7.5 | -4.6 |
| 其他商业服务 | 11.1 | 2.4 | 4.8 | 0.9 | 14.4 | 7.1 | 9.2 | 10.8 |
| 合计 | -129.4 | -129.2 | -185.1 | -265.5 | 4.8 | -0.1 | -27.3 | -72.8 |

### 2.4.3　中日贸易中的生产性服务贸易进口

日本长期以来作为中国贸易的主要合作伙伴，不仅在货物贸易上同中国紧密合作，在服务贸易上尤其是生产性服务贸易同样合作紧密。从总生产性服务贸易进口中的日本增加值来看，2015年至2018年生产性服务贸易进口中的日本增加值呈上升趋势，年均增速8.08%。中国在同日本生产性服务贸易上处于逆差地位，并且贸易逆差规模逐年扩大，但逆差规模低于中国与欧盟的逆差规模。

图2-10给出了2018年中国从日本进口生产性服务贸易的有关情况。从图2-10中可知，进口行业之间差异比较明显。中国从日本进口占比较高的行业依次是运输（33.3%）、别处未涵盖的知识产权使用费（32.9%）、其他商业服务（18.6%），而金融服务、别处未涵盖的维护和维修服务与建设的占比之和还不足2%。

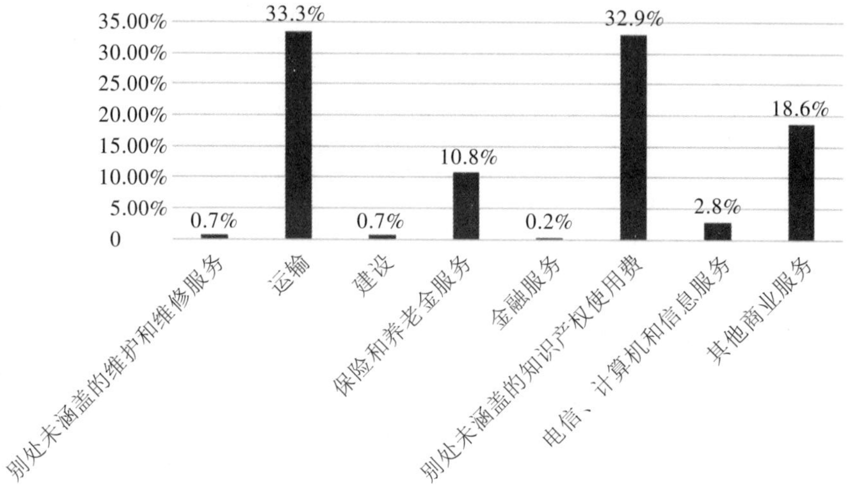


**图2-10 2018年中国从日本进口生产性服务业情况**

表2-9进一步给出中国从日本生产性服务业进口增加值情况，由表中可知，知识产权使用费的进口增加值最高且逐年递增，从2015年的38.4亿美元扩大到2018年的50.9亿美元，总体增幅达32.6%，一定程度上说明中国从日本进口较多知识和技术密集型服务，为此支付了大量知识产品使用费。日本对知识产权保护的关注较早，在2002年日本政府就确定了“知识产权立国”的基本国策，把知识产权提升到国家层面；随后日本政府执行了一系列的措施，如颁布知识产权基本法、制定《知识产权战略大纲》等。此外，知识产权保护在日本得到广泛的认同，知识产权保护的社会化程度较高。

运输行业也是生产性服务贸易进口中的日本增加值的主要来源之一，增加值从2015年的27.8亿美元扩大到2018年的32.1亿美元。日本是全球交通运输领域最开放的国家之一，在市场准入、国民待遇等方面几乎没有限制，当前日本的运输业具有领先的行业布局。而中国现代运输业起步晚，中国的货运贸易规模虽然庞大，但是运输业的发展并没有同步推进，运力与货物贸易需求之间的差距较大，运输方式的调整没有跟上贸易结构变化的速度，导致相关海运服务主要由海外企业提供，这从一定程度上也解释了中日间在运输服务贸易中的逆差来源。

表2-9　　中国从日本进口生产性服务业的增加值情况

| 项目 | 总服务贸易进口中的日本增加值（单位：亿美元） | | | | 1 000美元服务贸易进口中的日本增加值（单位：美元） | | | |
|---|---|---|---|---|---|---|---|---|
| | 2015年 | 2016年 | 2017年 | 2018年 | 2015年 | 2016年 | 2017年 | 2018年 |
| 别处未涵盖的维护和维修服务 | 0.7 | 0.8 | 0.9 | 1 | 935 | 935 | 935 | 935 |
| 运输 | 27.8 | 24.9 | 29 | 32.1 | 578 | 578 | 581 | 580 |
| 建设 | 0.4 | 1.2 | 0.8 | 1.1 | 885 | 885 | 885 | 885 |
| 保险和养老金服务 | 13.5 | 17 | 15.5 | 16.9 | 935 | 935 | 935 | 935 |
| 金融服务 | 0.4 | 0.4 | 0.3 | 0.3 | 935 | 935 | 935 | 935 |
| 别处未涵盖的知识产权使用费 | 38.4 | 40.9 | 44.8 | 50.9 | 932 | 932 | 932 | 932 |
| 电信、计算机和信息服务 | 2.8 | 3.2 | 3.5 | 4.3 | 920 | 920 | 919 | 919 |
| 其他商业服务 | 23.9 | 23.3 | 24.5 | 29.3 | 956 | 956 | 956 | 955 |
| 合计 | 107.9 | 111.7 | 119.3 | 135.9 | 7 076 | 7 076 | 7 078 | 7 076 |

此外，中国在保险和养老金服务上的进口占从日本进口生产性服务贸易的比重较高，2018年中国从日本进口的保险和养老金服务占生产性服务进口的10.8%。随着近年来日本老龄化的不断加重，日本的老龄人口比重达到全球最高，推动了银色产业以及养老金业务的快速发展。伴随着中国人口老龄化程度的加剧，保险和养老金需求增加，使得中国从日本进口较多相关业务。

表2-10进一步给出了中国与日本生产性服务贸易差额的情况。2015—2018年在总值口径下，中日生产性服务贸易逆差从46亿美元扩大到66亿美元，总体升幅为43.5%；增加值口径下，中日生产性服务贸易逆差从29.6亿美元扩大到46.3亿美元，增幅为56.4%，增加值逆差扩大的速度更快。2017年，中日两国将合作范围扩大到“一带一路”沿线的第三方国家；2018年，即中日和平友好条约缔结40周年，中日双方进一步签署了52份经贸合作协议。中日两国的经贸往来更加密切，总值口径下，2017年及2018年的中日生产性服务贸易逆差同比增幅均在15%以上，远远大于2016年的同比增幅（8.3%）。从表中可知，与进

口行业相似，运输和知识产权使用费是中日生产性服务贸易总值口径下逆差最大的两个行业，而其他商业服务及电信、计算机和信息服务则为顺差的主要来源行业。

表2-10　　中国与日本生产性服务贸易差额　　单位：亿美元

| 项目 | 贸易总值差额 | | | | 增加值差额 | | | |
|---|---|---|---|---|---|---|---|---|
| | 2015年 | 2016年 | 2017年 | 2018年 | 2015年 | 2016年 | 2017年 | 2018年 |
| 别处未涵盖的维护和维修服务 | 2.7 | 2.9 | 3.6 | 3.8 | 2.4 | 2.5 | 3 | 3.2 |
| 运输 | -30.7 | -27.9 | -34.6 | -39 | -12.6 | -11.6 | -15.6 | -17.7 |
| 建设 | 0.6 | 0 | 0.4 | 0.7 | 0.5 | 0 | 0.4 | 0.7 |
| 保险和养老金服务 | -13.7 | -17.6 | -16.1 | -17.4 | -12.7 | -16.4 | -15 | -16.3 |
| 金融服务 | 0 | 0.3 | 0.1 | 0.2 | 0 | 0.3 | 0.1 | 0.1 |
| 别处未涵盖的知识产权使用费 | -41 | -43.5 | -47.7 | -54 | -38.2 | -40.6 | -44.5 | -50.4 |
| 电信、计算机和信息服务 | 11 | 11.7 | 12.3 | 15.1 | 9.9 | 10.5 | 11 | 13.6 |
| 其他商业服务 | 25.1 | 24.3 | 24.9 | 24.6 | 21.1 | 20.5 | 21 | 20.5 |
| 合计 | -46 | -49.8 | -57.1 | -66 | -29.6 | -34.8 | -39.6 | -46.3 |

在增加值视角下，其他商业服务的顺差保持在21亿美元左右。随着中国“走出去”战略的进一步推广，更多的商业服务（如会计等），得以输送到境外，推动了中国其他商业服务的出口。此外，中国在同日本的电信、计算机和信息服务业贸易中处于顺差地位，且顺差逐年扩大，在增加值视角下，年均顺差为11.25亿美元。可能的原因是，一方面，近年来中国的“互联网+”“大众创新、万众创新”等政策的实施对中国电信、计算机和信息服务业的发展有了较大的促进作用；另一方面，中国邮电部门尚未对外开放，垄断优势对该行业的增长起到了一定的积极作用。同时，尽管日本是少数几个承诺在100个服务贸易领域放宽限制的国家之一，但是其国内限制较多，尤其是银行和保险业，对国外机构的数量和业务存在很强的干预能力。中国在和日本的金融服务贸易上处于贸易顺差地位，但顺差差额较小，并且金融服务占中国从日本进口的生产性服务贸易占比总体较小。

### 2.4.4 中韩贸易中的生产性服务贸易进口

与欧美发达国家相比，中韩两国的生产性服务贸易在全球服务业竞争中处于相对落后的地位，但中韩两国生产性服务贸易各有自身优势，相对而言，韩国的生产性服务业发展水平高于中国。从价值链角度来看，中韩两国处于全球服务业价值链不同位置，中国主要提供中下游服务，而韩国服务业处于全球价值链下游，但韩国服务业的后向参与度较大，而中国的前向参与度相对较大（闫云凤，2018），中韩两国服务业发展的差异性，为双方服务贸易的往来提供了可能性。

图2-11和表2-11给出了中国从韩国进口生产性服务贸易的有关情况。2015—2018年，在中韩贸易中，中国的进口生产性服务贸易总值在总体上呈上升趋势，从97.5亿美元增长到107.6亿美元，总体增幅为10.4%。其中，2017年稍有下降，同比回落2.8%。进口增加值总体上略有增长，从61.3亿美元增长到66.3亿美元，增幅为8.2%。其中，2017年同样略有下降，同比回落6.75%。按行业来看，进口总值排名前三的行业——运输、别处未涵盖的知识产权使用费、其他商业服务的占比之和在88%以上，别处未涵盖的维护和维修服务、建设、金融服务的占比之和不足3%。

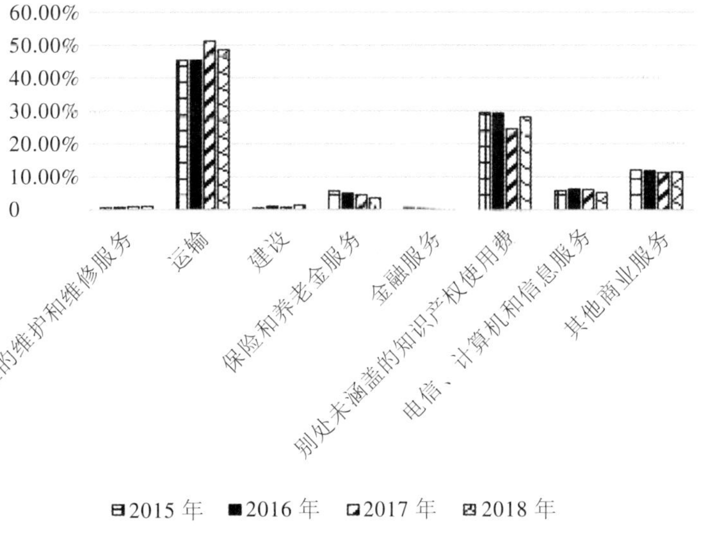


图2-11 中国从韩国进口生产性服务贸易的情况

表2-11 **中国从韩国进口生产性服务贸易的总值和增加值** 单位：亿美元

| 项目 | 进口总值 | | | | 进口增加值 | | | |
|---|---|---|---|---|---|---|---|---|
| | 2015年 | 2016年 | 2017年 | 2018年 | 2015年 | 2016年 | 2017年 | 2018年 |
| 别处未涵盖的维护和维修服务 | 0.6 | 0.7 | 0.9 | 1.1 | 0.4 | 0.6 | 0.7 | 0.9 |
| 运输 | 44.2 | 44.6 | 49.0 | 52.3 | 17.1 | 17.5 | 19.0 | 20.2 |
| 建设 | 0.5 | 1.0 | 0.7 | 1.5 | 0.4 | 0.8 | 0.6 | 1.2 |
| 保险和养老金服务 | 5.6 | 5.0 | 4.4 | 3.9 | 4.5 | 4.0 | 3.6 | 3.2 |
| 金融服务 | 0.4 | 0.4 | 0.4 | 0.5 | 0.4 | 0.4 | 0.4 | 0.4 |
| 别处未涵盖的知识产权使用费 | 28.7 | 28.8 | 23.5 | 30.3 | 23.1 | 23.1 | 18.9 | 24.4 |
| 电信、计算机和信息服务 | 5.7 | 6.2 | 5.9 | 5.6 | 5.0 | 5.4 | 5.2 | 4.9 |
| 其他商业服务 | 11.8 | 11.7 | 10.8 | 12.4 | 10.4 | 10.4 | 9.6 | 11.1 |
| 合计 | 97.5 | 98.4 | 95.6 | 107.6 | 61.3 | 62.2 | 58.0 | 66.3 |

相对于中国来说，韩国运输业更具有优势，作为全球的海运大国，汽车业、造船业、物流业的发展为韩国的运输服务提供了强有力的支撑，特别是造船业，作为韩国的重点产业，具有造船厂集中化、技术水平先进、工业集中度高的特点。另外，韩国在高附加值船舶领域也有优异表现，克拉克森（Clarksons）航运数据显示，在LNG船订单中，2018年全球新船订单总计72艘，韩国船企获订单66艘。相比之下，中国仅有少数的企业如中国远洋海运集团具备较强的出口竞争力，而大多数的企业则是规模小、成本高、个体竞争力弱，这在一定程度上限制了中国运输业的发展。此外，随着2016年中韩双边第二次降税，两国之间的关税进一步削减，中韩贸易便利化进入新阶段。韩国企业可以在中国开展班轮运输、散货船运、不定期船运和其他国际船运等业务，可以设立不超过注册资本49%的合资船运公司，从事铁

路运输、公路运输和仓储服务的韩国企业可在中国设立外资独资子公司，这在一定程度上增加了中国运输服务业的进口值。

中国自韩国别处未涵盖的知识产权使用费的进口值排名第二，除了2017年稍有回落以外，其他年份均呈现上升趋势。韩国具有较高的知识产权保护水平，甚至超过了世界贸易组织颁布的《与贸易有关的知识产权协定》的保护水平要求，这与韩国政府对知识产权保护的重视程度密切相关。截至2016年，韩国知识产权保护局有30个地区知识产权中心，用于鼓励区域性的知识产权创造，通过提升知识产权能力来提高区域的商业竞争力①。

表2-12给出了中国与韩国服务贸易差额的情况。2015—2018年，在总值口径下，中韩生产性服务贸易逆差从55.8亿美元扩大到59.5亿美元，增幅达6.6%。具体地看，2017年，受“萨德”事件的影响，生产性服务贸易逆差收缩至51亿美元，同比降幅达9.9%；2018年，生产性服务贸易逆差回升并达到峰值。此外，韩国“新北方政策”的实施对接了中国“一带一路”的建设，同时开展了韩国与中国东北三省的合作，这在一定程度上扩大了中韩生产性服务贸易的需求。在增加值口径下，中韩生产性服务贸易呈现“N”形波动趋势，2015年和2018年，生产性服务贸易逆差均为23.7亿美元。按行业来看，运输及别处未涵盖的知识产权使用费是主要的逆差来源，而其他商业服务的贸易顺差最大。在增加值口径下，2015—2017年，中韩生产性服务贸易顺差逐年扩大，从2015年的2.6亿美元扩大到2017年的4.4亿美元，总体增幅达69.2%，与2017年相比，2018年的顺差降低了0.4亿美元，为4亿美元。其中，别处未涵盖的知识产权使用费的逆差与中国单方面进口的现状存在关联，目前中国在别处未涵盖的知识产权使用费项目的出口上仍处于弱势地位，未来应进一步推进中国知识产权创新的发展，提高出口竞争力。

① 中国国家知识产权局. 韩国知识产权局《2016年度报告》述评［EB/OL］.［2017-01-12］. http://www.sipo.gov.cn/docs/pub/old/zlssbgs/zlyj/201701/t20170112_1307762.html.

表2-12 **中国与韩国的生产性服务贸易差额** 单位：亿美元

| 项目 | 总值差额 | | | | 增加值差额 | | | |
|---|---|---|---|---|---|---|---|---|
| | 2015年 | 2016年 | 2017年 | 2018年 | 2015年 | 2016年 | 2017年 | 2018年 |
| 别处未涵盖的维护和维修服务 | 0.2 | 0.2 | 0.2 | 0.1 | 0.3 | 0.2 | 0.3 | 0.2 |
| 运输 | −25.2 | −25.9 | −31.3 | −33.4 | −0.4 | −1.1 | −3.5 | −3.6 |
| 建设 | 1.2 | −0.2 | −0.2 | 2.6 | 1.1 | −0.1 | −0.2 | 2.4 |
| 保险和养老金服务 | −4.8 | −4.3 | −3.5 | −3.1 | −3.7 | −3.4 | −2.7 | −2.7 |
| 金融服务 | 0.1 | 0.1 | 0.1 | 0 | 0 | 0 | 0.1 | 0.1 |
| 别处未涵盖的知识产权使用费 | −28.5 | −27.8 | −20.2 | −29.2 | −22.9 | −22.2 | −15.9 | −23.4 |
| 电信、计算机和信息服务 | −1.4 | −1.6 | −0.8 | −0.9 | −0.7 | −1.2 | −0.7 | −0.7 |
| 其他商业服务 | 2.6 | 2.9 | 4.7 | 4.4 | 2.6 | 2.7 | 4.4 | 4.0 |
| 合计 | −55.8 | −56.6 | −51.0 | −59.5 | −23.7 | −25.1 | −18.2 | −23.7 |

### 2.4.5 中印贸易中的生产性服务贸易进口

中国和印度作为世界上最大的两个发展中国家，发展服务贸易对提高本国的竞争力具有重要意义，但二者在贸易结构和贸易发展路径上存在较大差异。中国的出口贸易以商品贸易为主，与中国不同，印度的服务贸易占对外贸易的比重较高，其服务贸易特别是新兴服务贸易行业在国际市场的竞争力远超中国。

图2-12和表2-13给出了中国从印度进口生产性服务贸易的有关情况。2015—2018年，在中印贸易中，中国的生产性服务贸易进口总值从1 315.4百万美元扩大到1 982.2百万美元，增幅超过50%。其中，中国从印度进口的生产性服务贸易集中在运输和其他商业服务行业。印度作为中国在南亚地区最大的贸易伙伴，是中国出口市场中排名前十位的国家之一。如前所述，目前中国自身的运输能力不能满足贸易商品的出口需求，这在一定程度上带来了中国从印度进口运输服务的需求。同时，中国从印度进口的其他商业服务呈上升趋势，这与印度在全球范围

内提供大规模服务外包密切相关。

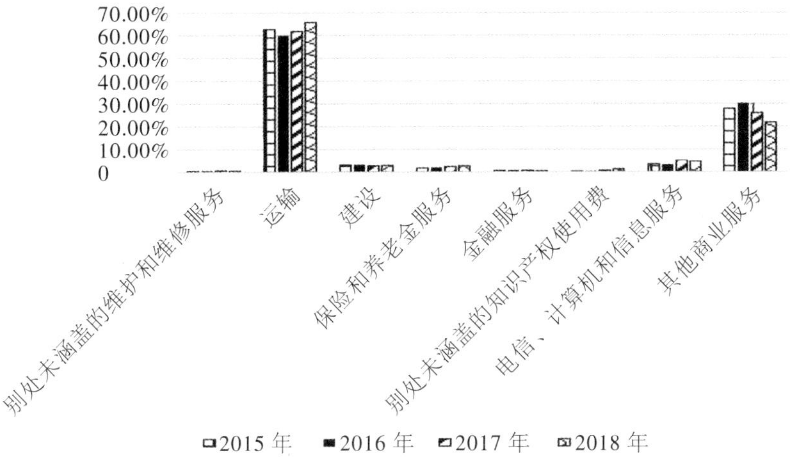


**图 2-12　中国从印度进口生产性服务贸易的情况**

表2-13　**中国从印度进口生产性服务贸易的总值和增加值**　单位：百万美元

| 项目 | 进口总值 | | | | 进口增加值 | | | |
|---|---|---|---|---|---|---|---|---|
| | 2015年 | 2016年 | 2017年 | 2018年 | 2015年 | 2016年 | 2017年 | 2018年 |
| 别处未涵盖的维护和维修服务 | 5.7 | 7.4 | 11.8 | 10.8 | 5.3 | 6.9 | 11.1 | 10.1 |
| 运输 | 823.7 | 794.4 | 1 146.2 | 1 301.4 | 696.6 | 673.4 | 969.9 | 1 101.1 |
| 建设 | 40.7 | 42.6 | 50.6 | 57.1 | 30.8 | 32.2 | 38.3 | 43.2 |
| 保险和养老金服务 | 23.3 | 26.6 | 44.0 | 53.4 | 21.8 | 24.9 | 41.2 | 50.0 |
| 金融服务 | 7.6 | 9.7 | 12.0 | 8.0 | 7.4 | 9.4 | 11.6 | 7.7 |
| 别处未涵盖的知识产权使用费 | 3.6 | 4.2 | 12.0 | 25.3 | 3.3 | 3.9 | 11.3 | 23.7 |
| 电信、计算机和信息服务 | 44.6 | 42.1 | 98.2 | 92.7 | 41.1 | 38.8 | 90.4 | 85.3 |
| 其他商业服务 | 366.2 | 399.6 | 481.7 | 433.5 | 343.5 | 374.8 | 451.8 | 406.6 |
| 合计 | 1 315.4 | 1 326.6 | 1 856.5 | 1 982.2 | 1 149.8 | 1 164.3 | 1 625.6 | 1 727.7 |

表 2-14 给出了中国与印度生产性服务贸易差额的情况。2015—2018 年，在中印贸易中，中国的生产性服务贸易常年保持逆差。在总值口径下，生产性服务贸易逆差从 2015 年的 764.1 百万美元扩大到 2018 年的 1 016.9 百万美元，总体增幅为 33.1%。其中，除了 2018 年稍有回

落外，前三年的逆差均逐年扩大，而2017年同比增幅最大，达到了37%。在增加值口径下，2015—2017年，生产性服务贸易逆差逐年扩大，从2015年的658.5百万美元扩大到2017年的923.9百万美元。其中，2017年同比增幅最大，达到了36.4%；2018年同比回落22.2%，生产性服务贸易逆差为718.9百万美元。按行业来看，与进口增加值相似，运输与其他商业服务是主要的逆差来源，但二者的差距是先缩小再扩大的。

值得注意的是，2015—2018年，虽然电信、计算机和信息服务的进口总值较大，从2015年的44.6百万美元提高到2018年的92.7百万美元，但是除2017年外，其他年份的电信、计算机和信息服务贸易均为顺差。随着计算机及电信行业的发展，中国在电信、计算机和信息服务上是具有比较优势的。2014年，印度政府提出了“印度制造”的工业发展战略，为了鼓励各类公司在印度设立制造业工厂，政府规定了25个领域可以100%向外资开放，吸引了如中国富士康、华为、小米等公司到印度设立研发机构和生产线，这些公司的进入在很大程度上增加了中国对印度相关行业的出口。王孝松和陈冰洁（2018）研究指出，在服务贸易领域，印度出口和中国进口的吻合程度较高，未来可以更进一步推进中印双边服务贸易的发展。

表2-14 **中国与印度的生产性服务贸易差额** 单位：百万美元

| 项目 | 总值差额 | | | | 增加值差额 | | | |
|---|---|---|---|---|---|---|---|---|
| | 2015年 | 2016年 | 2017年 | 2018年 | 2015年 | 2016年 | 2017年 | 2018年 |
| 别处未涵盖的维护和维修服务 | 0.9 | 1.3 | -3.2 | -2.8 | 0.4 | 0.6 | -3.5 | -3.2 |
| 运输 | -568 | -532.4 | -759.9 | -825.9 | -472.2 | -443.5 | -630.8 | -683.7 |
| 建设 | -12.9 | -10.2 | 47.4 | -10.5 | -5.9 | -3.2 | 49.6 | -1.4 |
| 保险和养老金服务 | -20.8 | -17.8 | -42.3 | -51.6 | -19.4 | -16.6 | -39.6 | -48.3 |
| 金融服务 | 9.6 | 4.2 | 0.7 | 2.6 | 9.0 | 3.9 | 0.5 | 2.4 |
| 别处未涵盖的知识产权使用费 | -0.9 | -2.0 | 5.6 | -5.1 | -1.0 | -2.0 | 4.6 | -5.5 |
| 电信、计算机和信息服务 | 26.1 | 33.8 | -3.9 | 38.7 | 22.9 | 29.8 | -5.2 | 33.4 |
| 其他商业服务 | -198.1 | -256.7 | -312.4 | -162.3 | -192.3 | -246.3 | -299.5 | -12.6 |
| 合计 | -764.1 | -779.8 | -1 068.0 | -1 016.9 | -658.5 | -677.3 | -923.9 | -718.9 |

### 2.4.6 中澳贸易中的生产性服务贸易进口

中国与澳大利亚在生产性服务贸易发展水平上存在明显差距。表2-15给出了中国从澳大利亚进口生产性服务贸易的有关情况。2015—2018年，在中澳贸易中，中国的生产性服务贸易进口总值在总体上呈上升趋势，规模从2015年的45.76亿美元扩大到2018年的54.38亿美元，增幅为18.8%。其中，2016年较2015年稍有回落，同比降低3.6%；2017年的增幅最大，同比上升21.53%。在进口增加值口径下，中国从澳大利亚进口的规模也在扩大。其中，运输服务进口占比较高，2018年约占全部生产性服务贸易进口增加值的83.5%。

表2-15 **中国从澳大利亚进口生产性服务贸易的总值和增加值** 单位：亿美元

| 项目 | 进口总值 | | | | 进口增加值 | | | |
|---|---|---|---|---|---|---|---|---|
| | 2015年 | 2016年 | 2017年 | 2018年 | 2015年 | 2016年 | 2017年 | 2018年 |
| 别处未涵盖的维护和维修服务 | 0.1 | 0.14 | 0.16 | 0.11 | 0.1 | 0.13 | 0.15 | 0.09 |
| 运输 | 38.21 | 35.31 | 44.79 | 46.03 | 32.86 | 30.37 | 38.52 | 40.01 |
| 建设 | 0.27 | 0.26 | 0.38 | 0.32 | 0.24 | 0.23 | 0.33 | 0.27 |
| 保险和养老金服务 | 1.88 | 3.03 | 3.06 | 2.12 | 1.82 | 2.94 | 2.96 | 1.92 |
| 金融服务 | 0.21 | 0.13 | 0.06 | 0.05 | 0.20 | 0.12 | 0.06 | 0.05 |
| 别处未涵盖的知识产权使用费 | 0.29 | 0.39 | 0.20 | 0.39 | 0.26 | 0.36 | 0.19 | 0.38 |
| 电信、计算机和信息服务 | 0.65 | 1.09 | 0.82 | 1.22 | 0.6 | 1.02 | 0.77 | 1.11 |
| 其他商业服务 | 4.15 | 3.78 | 4.16 | 4.14 | 3.83 | 3.49 | 3.84 | 4.03 |
| 合计 | 45.76 | 44.13 | 53.63 | 54.38 | 39.91 | 38.66 | 46.82 | 47.86 |

图2-13进一步给出细分行业进口情况。按行业来看，中国从澳大利亚进口的生产性服务贸易在行业之间的差异较大。排名第一的运输服务进口总值占绝对性优势，在增加值口径下，运输服务从2015年的32.86亿美元上升到40.01亿美元，平均占比为84.65%，是排名第二的其他商业服务平均占比的约11倍。中国与澳大利亚的货物贸易结构相

对单一，澳大利亚是中国进口铁矿石的主要来源国，中国与澳大利亚的进口贸易70%以上集中在SITC2（除燃料外的非食用原料）上，即主要集中在铜矿砂和铁矿石上。在国际贸易中，铁矿石与铜矿砂的主要运输方式为海运，而中国的绝大部分海运服务企业存在竞争能力弱、运营效率较低的问题，无法满足如此大的运输服务需求，所以需要从澳大利亚进口运输服务。与中国在欧盟、美国和日本的进口贸易中别处未涵盖的知识产权使用费占比较高不同，在中澳贸易中，别处未涵盖的知识产权使用费和电信、计算机和信息服务的占比相对较低，且基本保持平稳状态。

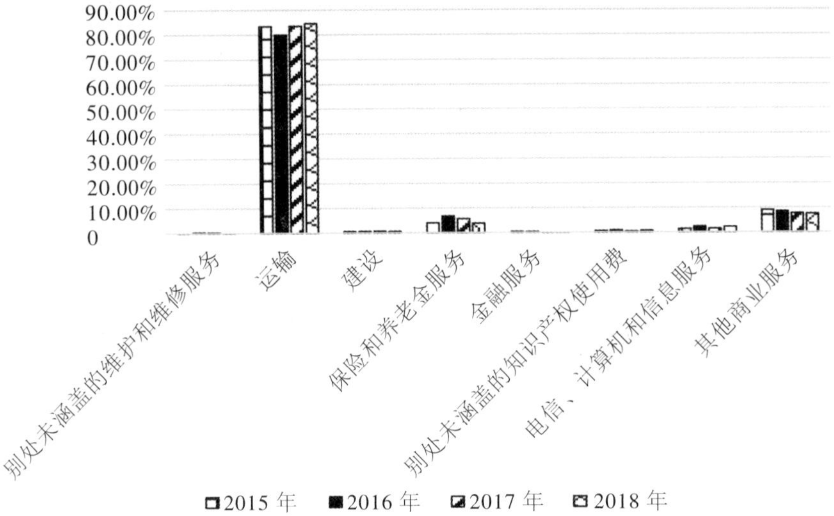


图2-13 中国从澳大利亚进口生产性服务贸易的情况

表2-16给出了中国与澳大利亚生产性服务贸易差额的情况。由此可知，中澳生产性服务贸易长期保持逆差。2015—2018年，在总值口径下，中澳生产性服务贸易逆差从33.1亿美元扩大到41.98亿美元，增幅为26.8%，总体呈“N”形波动趋势；在增加值口径下，中澳生产性服务贸易逆差从28.54亿美元扩大到36.75亿美元。其中，与进口增加值相似，运输服务是主要的逆差来源，在增加值口径下，2018年逆差值达到37亿美元，较2015年上升了24.7%；但与日本、韩国、印度不同，中澳生产性服务贸易在运输服务上的贸易总值差额与增加值差额的差距较小，稳定在6亿美元左右。其他商业服务则是主要的顺差来源，但数

额不高，在增加值口径下，年均顺差为1.255亿美元，而其他生产性服务贸易的差额比较小。

表2-16　**中国与澳大利亚的生产性服务贸易差额**　单位：亿美元

| 项目 | 贸易总值差额 | | | | 增加值差额 | | | |
|---|---|---|---|---|---|---|---|---|
| | 2015年 | 2016年 | 2017年 | 2018年 | 2015年 | 2016年 | 2017年 | 2018年 |
| 别处未涵盖的维护和维修服务 | −0.06 | −0.11 | −0.12 | −0.05 | −0.06 | −0.10 | −0.11 | −0.04 |
| 运输 | −34.57 | −31.83 | −41.77 | −42.60 | −29.66 | −27.31 | −35.87 | −37.00 |
| 建设 | 0.25 | 0 | −0.17 | −0.01 | 0.23 | 0.01 | −0.14 | 0.01 |
| 保险和养老金服务 | −1.82 | −2.92 | −3.00 | −1.96 | −1.77 | −2.83 | −2.90 | −1.76 |
| 金融服务 | 0.92 | 0.94 | 1.14 | 0.34 | 0.87 | 0.89 | 1.09 | 0.32 |
| 别处未涵盖的知识产权使用费 | −0.25 | −0.37 | −0.19 | −0.38 | −0.23 | −0.34 | −0.17 | −0.37 |
| 电信、计算机和信息服务 | 0.94 | 0.42 | 0.89 | 0.70 | 0.83 | 0.35 | 0.78 | 0.62 |
| 其他商业服务 | 1.49 | 1.62 | 1.13 | 1.98 | 1.25 | 1.37 | 0.93 | 1.47 |
| 合计 | −33.1 | −32.25 | −42.09 | −41.98 | −28.54 | −27.96 | −36.39 | −36.75 |

## 2.5　改革开放以来中国制造业发展与制造业转型升级的界定

### 2.5.1　改革开放以来中国制造业发展情况

哈佛大学教授加里·皮萨诺和威利·史在《制造繁荣：美国为什么需要制造业复兴》一书中指出，长期而言，制造业是一国创新的基本。换言之，制造业是一国综合国力和国际竞争力的根基所在。

改革开放以来，中国制造业快速发展，已形成门类齐全、独立完整的产业体系。根据国家统计局的数据，中国的制造业是联合国所分类的39个大类、191个种类和525个小类中全球唯一的各类产品都生产的国家。目前，中国已成为世界第一大制造业国家，按照国际标准工业分类，中国制造业有7个大类名列第一。制造业的蓬勃发展有效推动了中国工业化和现代化进程，增强了中国的综合国力。但需要注意的是，尽管中国制造业体量巨大，但制造业发展水平与世界先进水平仍有一定差距。更重要的是，中国制造业规模的快速增长，与依靠廉价劳动力和其他低成本要素投入存在密切关系。随着中国人口结构及其他要素结构的变化，支撑中国制造业高速增长的低成本红利正在消失。同时，就外部环境而言，中国制造业发展需要承受发达国家“再工业化”和新兴市场国家“加速追赶”的双重压力，即要同时克服压制效应与追逐效应（王勇，2021）。面对内部环境的变化和外部环境的压力，制造业结构转型升级成为中国制造业发展的必然选择。自“十一五”规划以来，加快制造业转型升级成为中国经济结构调整的重点内容。

经过十余年的努力，中国不仅在纺织服装、箱包等传统劳动密集型行业保持优势，而且在部分技术含量和附加值较高的产品上增强了竞争力，中国制造业转型升级取得了一定成效。2016年德勤全球和美国竞争力委员会联合发布的《2016全球制造业竞争力报告》指出，中国在2016年国家制造业竞争力指数中排名第一。该报告还指出，中国大力推动和落实“中国制造2025”与“互联网+”等措施，有利于提升中国制造业在全球的竞争力。

### 2.5.2 中国制造业转型升级的界定

目前，学术界关于制造业转型升级的内涵并无统一的界定。制造业转型升级属于一国产业升级的重要组成部分，传统上关于产业升级的研究，多指产业从较低级别向高级别演进的过程，其着重于考察产业发展及其比例关系的变动，代表性的产业升级理论包括配第-克拉克定理、库兹涅茨法则、钱纳里工业化阶段理论、霍夫曼定理、罗斯托经济发展阶段理论和主导产业理论等。因此，从传统角度来看，制造业转型升级是指制造业从低端产业向高端产业发展的过程。

随着经济社会的发展和对产业转型升级的内在动力机制的深入研究，关于产业升级的理解也从传统单一的产业垂直结构升级向多维度方向转变。

Eric认为产业转型升级包括产业间升级、需求升级、要素间升级、功能升级、价值链升级等方面（Pavitt，1989）；迈克尔·波特（2002）认为产业转型升级是由于一国的要素丰裕程度发生变化而使某国的竞争优势发生改变，产业从劳动密集型向资本和技术密集型转变的过程；Kaplinsky和Morris（2003）指出产业转型升级就是生产活动中具有更多的技能，从而更好地制造产品的过程。刘增恒（1994）、管怀鎏（1997）用产业素质描述产业内在的资源和能力，即用产业素质代表产业系统的质量，它是决定产业系统整体功能的主要依据，在定量分析上主要通过产业效率来体现（牛志伟和邹昭晞，2020）。张杰（2016）认为产业结构升级包括产业结构比例合理化、产业创新能力提升、产业出口结构优化和全球价值链地位提升、不同所有制企业在产业结构中地位的合理化等方面。

结合已有的关于产业转型升级的研究，本书认为制造业转型升级[①]包括制造业结构升级和制造业质量提升两大方面。制造业结构升级是指推动产业结构合理化和高度化发展的过程。其中，合理化主要是指产业间的技术与经济关系比例协调；高度化是指产业结构从低水平状态向高水平状态的动态发展过程。在制造业质量提升方面，本书集中考察制造业全要素生产率的提高情况。同时，本书将制造业在全球价值链中的地位作为开放条件下制造业结构升级的一个表征，纳入研究范围。

## 2.6 中国制造业转型升级现状与存在问题

虽然中国制造业转型升级一直处于渐进式发展中，但迄今为止，产业演进的“拐点”尚未出现，中国制造业的总体态势及在全球产业链中的相对位置尚未发生“颠覆性”质变（胡迟，2019）。基于本书对制造业转型升级的界定，在此对中国制造业升级的现状及存在的问题进行考察与分析。

① 本书不对“制造业转型升级”与“制造业转型”“制造业升级”概念做严格区分。

### 2.6.1 中国制造业全要素生产率的发展现状与问题

相对于单要素生产率（如劳动生产率、资本生产率、单位国内生产总值能耗等）指标，全要素生产率指标反映的是产出与全部投入要素之间的关系，更具有综合性，可更好地反映一个经济体的效率，因此被研究者广泛使用。大量关于经济增长的实证研究表明，单纯依靠要素投入的增长不具有可持续性，通过全要素生产率获得的增长才具有可持续性。Jia 等（2020）研究表明，制造业部门的全要素生产率增长可以直接带来一国整体全要素生产率的进步，也可以通过促进资本投入和劳动力投入的增长间接促进整体全要素生产率的增长。

表2-17给出了依据DEA方法计算的2014—2015年中国、美国、日本和德国的制造业细分行业全要素生产率增长率。由此可知，在四个国家中，中国制造业多数细分行业的TFP水平处于劣势地位，只有金属制品业位居四个国家之首。其他15个细分行业中，同时低于其他三个国家的行业有纺织服装业、木制品业、化工制品业和其他非金属制品业；同时低于美国和日本的行业包括食品加工业、纸制品业、橡胶和塑料制品业、计算机电子光学制造业、机动车辆制造业、其他交通设备制造业、其他制造业。此外，电气设备制造业的全要素生产率低于美国，石油制品业、基础金属制品业和机械设备制造业的全要素生产率低于日本。因此，就横向比较而言，与世界制造业发展程度较高的国家相比，中国制造业全要素生产率水平仍有待进一步提高。

在微观层面，杨汝岱（2015）利用中国工业企业数据库1998—2009年的数据，研究指出，样本期内中国制造业整体全要素生产率年均为3.8%，增速存在较大波动，制造业TFP增长主要来源于企业的成长，但增长空间在不断压缩，亟待依托资源配置效率的改善，以获得更多的增长空间。李苏苏等（2020）利用插补方法进一步拓展工业企业数据库中数据的可用性，通过考察1999—2013年的制造业企业数据，指出中国制造业全要素生产率增长速度呈现明显降低趋势，大多数行业的TFP处于较低水平。对比不同要素类型的行业，技术密集型行业的TFP增长幅度最大，整体波动最小；按区域来看，东部地区平均年度TFP水平最高，但西部地区的增长幅度最大，已出现对中部乃至东部地区的赶超态势。

表2-17 2014—2015年中国、美国、日本、德国的制造业细分行业全要素生产率增长率情况

| 细分产业 | 中国 | 美国 | 日本 | 德国 | 细分产业 | 中国 | 美国 | 日本 | 德国 |
|---|---|---|---|---|---|---|---|---|---|
| | 2014—2015年TFP | 2014—2015年TFP | 2014—2015年TFP | 2014—2015年TFP | | 2014—2015年TFP | 2014—2015年TFP | 2014—2015年TFP | 2014—2015年TFP |
| 食品加工业 | (10)<br>1.0120 | (8)<br>1.0210 | (1)<br>1.7310 | (38)<br>0.9730 | 基础金属制品业 | (28)<br>0.9570 | (42)<br>0.9230 | (1)<br>1.5100 | (29)<br>0.9560 |
| 纺织服装业 | (30)<br>0.9890 | (11)<br>0.9970 | (1)<br>2.0750 | (16)<br>0.9920 | 金属制品业 | (2)<br>1.0590 | (13)<br>0.9900 | (20)<br>0.9740 | (46)<br>0.8910 |
| 木制品业 | (43)<br>0.9820 | (42)<br>0.9840 | (15)<br>1.0070 | (29)<br>0.9920 | 计算机电子光学制造业 | (17)<br>0.9870 | (8)<br>1.0290 | (1)<br>3.1330 | (31)<br>0.9480 |
| 纸制品业 | (27)<br>0.9830 | (5)<br>1.0190 | (1)<br>1.4400 | (34)<br>0.9730 | 电气设备制造业 | (13)<br>0.9890 | (10)<br>1.0040 | (50)<br>0.7670 | (42)<br>0.9260 |
| 石油制品业 | (10)<br>1.1710 | (4)<br>0.8720 | (3)<br>1.6860 | (20)<br>0.9980 | 机械设备制造业 | (3)<br>1.0520 | (45)<br>0.9090 | (1)<br>1.1480 | (49)<br>0.8380 |
| 化工制品业 | (38)<br>0.9430 | (14)<br>0.9890 | (4)<br>1.1190 | (27)<br>0.9640 | 机动车辆制造业 | (20)<br>0.9910 | (4)<br>1.0370 | (11)<br>1.0040 | (39)<br>0.9250 |
| 橡胶和塑料制品业 | (14)<br>0.9890 | (4)<br>1.0230 | (5)<br>1.0220 | (30)<br>0.9760 | 其他交通设备制造业 | (17)<br>0.9980 | (7)<br>1.0160 | (1)<br>1.2270 | (22)<br>0.9920 |
| 其他非金属制品业 | (39)<br>0.9380 | (26)<br>0.9920 | (4)<br>1.0280 | (22)<br>0.9920 | 其他制造业 | (34)<br>0.8990 | (11)<br>0.9840 | (1)<br>3.5960 | (40)<br>0.8880 |

注：括号中为各国对应行业在50个样本国家TFP中的排名情况。

资料来源：李宏，等．国内国际双循环发展格局与中国制造业增长效率——基于全球价值链的分析［J］．财经问题研究，2021（1）．

综上所述，虽然近年来中国部分制造业行业和部分地区的全要素生产率水平有所提升，但无论是与世界先进制造业国家相比，还是在微观企业层面上，中国制造业全要素生产率水平仍有待进一步提升。因此，合理探寻促进中国制造业全要素生产率的路径与方式，是促进制造业转型升级、实现制造业强国目标的重要内容。

### 2.6.2 中国制造业结构高级化发展情况

根据联合国工业发展组织技术水平分类及李贤珠（2010）、郑耀群（2019）等众多国内外学者研究，将制造业分为低端、中端和高端技术产业三大类[①]。参考付凌晖（2010）、杨永春等（2018）使用产业结构高级度指数UPG对中国制造业结构高级化进行测算。

首先，将低端、中端和高端技术产业产值占制造业总产值的比重作为空间向量的一个分量，从而构成一组三维向量X0=（x1，0，x2，0，x3，0），然后，分别计算X0与低端、中端和高端技术产业排列的向量X1=（1，0，0），X2=（0，1，0），X3=（0，0，1）的夹角θ1、θ2、θ3。制造业结构高级化指数UPG的计算公式为：

$$\theta_j = \arccos\left(\frac{\sum_{i=1}^{3}\left(x_{i,j} \cdot x_{i,0}\right)}{\left(\sum_{i=1}^{3}\left(x_{i,j}^2\right)^{1/2} \cdot \sum_{i=1}^{3}\left(x_{i,0}^2\right)^{1/2}\right)}\right) \tag{2.1}$$

$$UPG = \sum_{k=1}^{3}\sum_{j=1}^{k}\theta_j$$

其中，j为1、2、3；UPG数值越大，表明制造业结构高级化水平越高。

具体结果见表2-18，由此可知，中国制造业高级化指数在地区间的差异明显，东部地区在全国整体水平之上，而中西部地区的制造业高级化指数低于东部地区。样本期间内，中西部地区的UPG指数大致呈上升趋势，虽然没能达到东部地区历年UPG指数的最小值6.32，但可

① 低端技术产业包括农副食品加工、食品制造、饮料、烟草、纺织、服装、皮革、木材、家具、造纸、印刷、文体用品、工艺品及其他制造业；中端技术产业包括石油加工、炼焦及核燃料加工、橡胶和塑料制品、非金属矿物、黑色金属冶炼、有色金属冶炼、金属制品；高端技术产业包括通用设备、专用设备、交通运输、电气机械及器材、通信电子、仪器仪表、化学原料、化纤、医药。

以看到中西部地区正努力缩小与东部地区的差距。另外，2006—2016年中国制造业UPG指数的标准差和变异系数呈现出先升后降的趋势，标准差和变异系数在2011年到达峰值，分别是0.1976和0.0321，随后数值慢慢回落，说明全国各地区制造业结构高级化的差异呈现先扩大后缩小的趋势。从2006年到2016年，东部地区UPG指数上升了0.77%，中部地区上升了0.17%，西部地区上升了1.33%，可推测区域差距的缩小更多归因于西部地区制造业结构向高端化快速发展。

表2-18　**2006—2016年中国各地区及全国制造业高级化指数**

| 地区 | 2006年 | 2007年 | 2008年 | 2009年 | 2010年 | 2011年 | 2012年 | 2013年 | 2014年 | 2015年 | 2016年 |
|---|---|---|---|---|---|---|---|---|---|---|---|
| 东部 | 6.34 | 6.35 | 6.38 | 6.34 | 6.39 | 6.39 | 6.33 | 6.34 | 6.32 | 6.34 | 6.39 |
| | (101.51) | (101.74) | (101.94) | (101.79) | (101.98) | (102.24) | (102.08) | (102.12) | (101.54) | (101.72) | (102.26) |
| 中部 | 6.00 | 5.97 | 5.98 | 5.97 | 6.00 | 5.99 | 5.96 | 5.96 | 5.97 | 5.97 | 6.01 |
| | (96.00) | (95.62) | (95.60) | (95.84) | (95.86) | (95.79) | (96.09) | (96.05) | (95.91) | (95.82) | (96.11) |
| 西部 | 6.00 | 6.01 | 6.01 | 6.00 | 6.00 | 6.00 | 5.99 | 6.01 | 6.04 | 6.05 | 6.08 |
| | (95.98) | (96.21) | (96.01) | (96.26) | (95.88) | (95.97) | (96.57) | (96.90) | (97.01) | (97.01) | (97.28) |
| 全国 | 6.25 | 6.24 | 6.26 | 6.23 | 6.26 | 6.25 | 6.20 | 6.21 | 6.22 | 6.24 | 6.25 |
| | (100) | (100) | (100) | (100) | (100) | (100) | (100) | (100) | (100) | (100) | (100) |
| 标准差 | 0.1761 | 0.1847 | 0.1933 | 0.1803 | 0.1919 | 0.1976 | 0.1772 | 0.1743 | 0.1621 | 0.1688 | 0.1726 |
| 变异系数 | 0.0287 | 0.0301 | 0.0314 | 0.0294 | 0.0311 | 0.0321 | 0.0289 | 0.0284 | 0.0264 | 0.0274 | 0.0279 |

注：括号中为各地区制造业高级化指数与全国整体指数的百分比。

数据来源：历年《中国工业统计年鉴》及相关省（自治区、直辖市）统计年鉴。

### 2.6.3　中国制造业结构合理化发展情况

制造业结构合理化侧重于考察制造业间协调程度、结构聚合质量以及资源配置效率，用泰尔指数测度制造业结构合理化的情况是一个不错的选择（傅元海等，2014）。在此采用泰尔指数（TL）测度中国各省（自治区、直辖市）2006—2016年制造业结构合理化程度，计算公式为：

$$TL=\sum_{i=1}^{n}\left(\frac{Y_i}{Y}\ln\frac{Y_i/L_i}{Y/L}\right) \tag{2.2}$$

式中，n表示制造业行业数，i表示行业，Y表示制造业产值，L表示就业人数。泰尔指数取值在0到1之间，数值越小表明制造业产业间协调程度越高，差异越小。当泰尔指数为零时，各地区之间没有任何差异，经济达到均衡状态。

2006—2016年中国各省（自治区、直辖市）制造业泰尔指数的情况见表2-19。虽然中国制造业合理化尚未达到最优状态，但从发展趋势来看，各省（自治区、直辖市）泰尔指数大致呈下降趋势，说明中国制造业正朝着制造业结构合理化的方向变动。值得注意的是，各省（自治区、直辖市）制造业结构的合理化程度存在差异，江苏、山东、重庆、四川等省（自治区、直辖市）的泰尔指数较低，说明其制造业结构合理化程度较高，行业间差异较小；内蒙古、上海、广西、海南等省（自治区、直辖市）的泰尔指数较高，表示其制造业结构合理化程度较低。近年来，中西部地区坚持因地制宜发展，逐步缩小与东部地区的差距，加之由于资源环境约束和企业运行成本较高，东部地区制造业增速放缓，部分制造业企业转向中西部地区，一定程度促进了中西部地区制造业结构的合理化。

表2-19 **2006—2016年中国各省（自治区、直辖市）泰尔指数值**

| 省（自治区、直辖市） | 2006年 | 2007年 | 2008年 | 2009年 | 2010年 | 2011年 | 2012年 | 2013年 | 2014年 | 2015年 | 2016年 |
|---|---|---|---|---|---|---|---|---|---|---|---|
| 北京 | 0.30 | 0.30 | 0.26 | 0.27 | 0.24 | 0.19 | 0.16 | 0.18 | 0.17 | 0.17 | 0.17 |
| 天津 | 0.66 | 0.25 | 0.20 | 0.18 | 0.24 | 0.24 | 0.19 | 0.19 | 0.16 | 0.15 | 0.14 |
| 河北 | 0.19 | 0.22 | 0.21 | 0.16 | 0.13 | 0.15 | 0.11 | 0.08 | 0.08 | 0.06 | 0.06 |
| 辽宁 | 0.27 | 0.21 | 0.18 | 0.11 | 0.09 | 0.08 | 0.10 | 0.07 | 0.07 | 0.08 | 0.17 |
| 上海 | 0.27 | 0.26 | 0.26 | 0.24 | 0.25 | 0.24 | 0.22 | 0.23 | 0.21 | 0.19 | 0.30 |
| 江苏 | 0.16 | 0.16 | 0.15 | 0.15 | 0.13 | 0.13 | 0.11 | 0.11 | 0.10 | 0.09 | 0.08 |
| 浙江 | 0.22 | 0.20 | 0.21 | 0.17 | 0.19 | 0.22 | 0.20 | 0.19 | 0.19 | 0.16 | 0.15 |
| 山东 | 0.13 | 0.12 | 0.12 | 0.09 | 0.10 | 0.10 | 0.09 | 0.09 | 0.09 | 0.08 | 0.08 |

续表

| 省（自治区、直辖市） | 2006年 | 2007年 | 2008年 | 2009年 | 2010年 | 2011年 | 2012年 | 2013年 | 2014年 | 2015年 | 2016年 |
|---|---|---|---|---|---|---|---|---|---|---|---|
| 广东 | 0.23 | 0.21 | 0.21 | 0.20 | 0.21 | 0.19 | 0.19 | 0.18 | 0.15 | 0.12 | 0.11 |
| 福建 | 0.23 | 0.20 | 0.19 | 0.15 | 0.18 | 0.17 | 0.16 | 0.13 | 0.16 | 0.13 | 0.11 |
| 海南 | 0.60 | 0.71 | 0.47 | 0.47 | 0.40 | 0.39 | 0.32 | 0.33 | 0.26 | 0.24 | 0.17 |
| 山西 | 0.16 | 0.21 | 0.21 | 0.16 | 0.16 | 0.15 | 0.10 | 0.10 | 0.08 | 0.08 | 0.07 |
| 吉林 | 0.15 | 0.14 | 0.12 | 0.11 | 0.10 | 0.07 | 0.07 | 0.06 | 0.05 | 0.04 | 0.03 |
| 黑龙江 | 0.28 | 0.29 | 0.72 | 0.17 | 0.14 | 0.12 | 0.12 | 0.14 | 0.12 | 0.11 | 0.11 |
| 安徽 | 0.24 | 0.27 | 0.29 | 0.26 | 0.22 | 0.20 | 0.17 | 0.16 | 0.16 | 0.14 | 0.12 |
| 河南 | 0.23 | 0.22 | 0.23 | 0.21 | 0.18 | 0.18 | 0.17 | 0.17 | 0.15 | 0.13 | 0.13 |
| 江西 | 0.31 | 0.30 | 0.24 | 0.17 | 0.19 | 0.20 | 0.15 | 0.15 | 0.12 | 0.12 | 0.12 |
| 湖北 | 0.21 | 0.19 | 0.18 | 0.14 | 0.13 | 0.12 | 0.10 | 0.11 | 0.10 | 0.12 | 0.12 |
| 湖南 | 0.21 | 0.15 | 0.15 | 0.11 | 0.10 | 0.06 | 0.09 | 0.09 | 0.08 | 0.09 | 0.08 |
| 重庆 | 0.11 | 0.10 | 0.07 | 0.07 | 0.06 | 0.06 | 0.05 | 0.05 | 0.06 | 0.04 | 0.05 |
| 内蒙古 | 0.28 | 0.24 | 0.32 | 0.28 | 0.22 | 0.17 | 0.16 | 0.16 | 0.14 | 0.14 | 0.15 |
| 四川 | 0.08 | 0.08 | 0.07 | 0.05 | 0.03 | 0.04 | 0.04 | 0.04 | 0.05 | 0.04 | 0.04 |
| 贵州 | 0.19 | 0.15 | 0.11 | 0.11 | 0.11 | 0.09 | 0.08 | 0.06 | 0.10 | 0.08 | 0.06 |
| 云南 | 0.31 | 0.29 | 0.25 | 0.24 | 0.22 | 0.22 | 0.18 | 0.19 | 0.14 | 0.14 | 0.13 |
| 陕西 | 0.33 | 0.31 | 0.27 | 0.24 | 0.21 | 0.22 | 0.20 | 0.13 | 0.19 | 0.08 | 0.06 |
| 西藏 | 0.13 | 0.80 | 0.14 | 0.15 | 0.18 | 0.16 | 0.19 | 0.13 | 0.12 | 0.13 | 0.18 |
| 甘肃 | 0.37 | 0.39 | 0.38 | 0.33 | 0.28 | 0.28 | 0.21 | 0.19 | 0.14 | 0.12 | 0.11 |
| 广西 | 0.22 | 0.20 | 0.20 | 0.18 | 0.17 | 4.50 | 0.27 | 0.22 | 0.22 | 0.18 | 0.17 |
| 宁夏 | 0.20 | 0.13 | 0.10 | 0.06 | 0.07 | 0.05 | 0.10 | 0.09 | 0.08 | 0.08 | 0.08 |
| 青海 | 0.29 | 0.26 | 0.18 | 0.12 | 0.14 | 0.13 | 0.09 | 0.09 | 0.08 | 0.11 | 0.10 |
| 新疆 | 0.59 | 0.43 | 0.42 | 0.32 | 0.35 | 0.31 | 0.28 | 0.25 | 0.21 | 0.19 | 0.16 |

数据来源：历年《中国工业统计年鉴》及相关省（自治区、直辖市）统计年鉴。

### 2.6.4 中国制造业全球价值链地位的现状

在制造业全球价值链生产分工模式下，一国（地区）只需要通过嵌入产品的某个生产过程或某个环节，就可以成为出口方，但由于各国参与价值链的位置不同，这一模式为各国参与世界市场带来便利的同时，也带来了国家间收入分配与分工地位的不平衡。当前，发达国家凭借资金和技术优势，占据全球生产分工的中高端位置，而发展中国家往往只能从事附加值较低环节的工作。这种资金、技术与发展阶段的差异，最终会反映在一国（地区）不同产业的全球价值链分工地位上。同时，在不同产业内部，考虑与最终消费之间的距离，原材料行业通常处于上游，最终消费品位于下游，即行业属性对其在全球价值链中的位置也具有重要影响。

自2001年中国加入世界贸易组织以来，凭借自身劳动力优势和完备的工业体系，在亚洲地区已逐渐取代日本成为全球供应链中心，并不断加强与世界各国的贸易往来（Dollar等，2019）。但在技术研发、商业模式创新、国际化经营管理等领域，中国处于发展的相对早期阶段，因此在全球制造业生产分工中，更多地参与低附加值环节的生产，处于“低端锁定”状态。肖宇等（2019）研究指出，中国制造业企业能够跨越更多的全球价值链生产阶段，但中国制造业各产业部门与全球最终需求之间的距离仍在扩大，分工有所恶化，中国制造业核心竞争力仍然不强。不断扩大开放并充分利用好外资技术溢出效应，是中国制造业实现价值链位置攀升，摆脱低端锁定的关键路径之一。王振国等（2019）进一步细分制造业部门后发现，中端技术制造业嵌入全球价值链的位置总体上最高，高端技术制造业嵌入全球价值链的位置最低。例如，典型的加工贸易部门如计算机、电子和光学设备制造业明显向价值链上游迈进。全球价值链的嵌入位置不仅关系到一国（地区）参与对外贸易的获益能力，还是支撑一国（地区）未来产业转型升级的必由之路，更关系到该国（地区）在全球价值链治理中的话语权（唐宜红和张鹏杨，2018）。

利用中国区域间投入产出表（MRIOT）和世界投入产出表（WIOT），得到表2-20的数据。在表2-20中前四列是根据Wang等

（2017）计算的2010年中国各省（自治区、直辖市）制造业全球价值链参与程度的情况，最后二列是根据Koopman等（2010）计算的2010年中国各省（自治区、直辖市）制造业全球价值链位置的情况。由此可知，在省（自治区、直辖市）层面，参与全球价值链分工程度较高的区域主要有：一是上海、广东、江苏、浙江、北京、天津等东部沿海地区，这一地区凭借制造业基础和地位的区位优势直接参与全球化分工进程，并以后向参与方式（依赖国内其他地区和国外提供中间品）嵌入全球价值链，扮演“加工制造者”的角色；二是新疆、山西、贵州、云南、黑龙江、吉林等资源相对密集区域，东部地区参与全球价值链时，对资源和初级产品的需求可以从以上地区获得，因此中西部地区以间接形式参与全球化分工进程，并以前向参与方式（为国内其他地区或国外提供中间品）嵌入全球价值链（Meng等，2013；黎峰，2020）。

表2-20　**中国各省（自治区、直辖市）制造业全球价值链参与度与位置**

| 省（自治区、直辖市） | 前向嵌入度 | 后向嵌入度 | 前向参与长度 | 后向参与长度 | 相对上游位置 | 相对下游位置 |
|---|---|---|---|---|---|---|
| 北京 | 0.052 | 0.114 | 2.207 | 2.859 | 0.05 | 0.014 |
| 天津 | 0.087 | 0.008 | 2.161 | 2.957 | 0.084 | 0.008 |
| 河北 | 0.099 | 0.013 | 2.842 | 3.048 | 0.095 | 0.013 |
| 山西 | 0.323 | 0.009 | 3.644 | 3.814 | 0.28 | 0.009 |
| 内蒙古 | 0.16 | 0.012 | 3.063 | 3.149 | 0.149 | 0.012 |
| 辽宁 | 0.093 | 0.008 | 2.819 | 3.053 | 0.089 | 0.008 |
| 吉林 | 0.378 | 0.011 | 3.554 | 3.786 | 0.32 | 0.011 |
| 黑龙江 | 0.277 | 0.007 | 3.67 | 3.8 | 0.245 | 0.007 |
| 上海 | 0.05 | 0.122 | 2.885 | 3.016 | 0.049 | 0.021 |
| 江苏 | 0.091 | 0.084 | 2.604 | 2.998 | 0.087 | 0.081 |
| 浙江 | 0.063 | 0.105 | 2.079 | 2.815 | 0.061 | 0.044 |
| 安徽 | 0.041 | 0.003 | 2.778 | 2.811 | 0.04 | 0.003 |

续表

| 省（自治区、直辖市） | 前向嵌入度 | 后向嵌入度 | 前向参与长度 | 后向参与长度 | 相对上游位置 | 相对下游位置 |
|---|---|---|---|---|---|---|
| 福建 | 0.102 | 0.014 | 2.908 | 3.364 | 0.097 | 0.014 |
| 江西 | 0.054 | 0.004 | 2.774 | 2.79 | 0.053 | 0.004 |
| 山东 | 0.03 | 0.105 | 2.506 | 3.004 | 0.03 | 0.005 |
| 河南 | 0.084 | 0.003 | 2.781 | 2.885 | 0.081 | 0.003 |
| 湖北 | 0.204 | 0.001 | 3.359 | 3.405 | 0.186 | 0.001 |
| 湖南 | 0.043 | 0.008 | 2.775 | 3.062 | 0.042 | 0.008 |
| 广东 | 0.061 | 0.232 | 2.672 | 3.356 | 0.059 | 0.167 |
| 广西 | 0.119 | 0.01 | 2.811 | 3.139 | 0.112 | 0.01 |
| 海南 | 0.34 | 0.045 | 3.748 | 3.805 | 0.292 | 0.044 |
| 重庆 | 0.108 | 0.006 | 2.874 | 3.308 | 0.103 | 0.006 |
| 四川 | 0.066 | 0.002 | 2.776 | 2.867 | 0.064 | 0.002 |
| 贵州 | 0.242 | 0.018 | 3.631 | 3.667 | 0.217 | 0.017 |
| 云南 | 0.318 | 0.005 | 3.696 | 4.35 | 0.276 | 0.005 |
| 陕西 | 0.149 | 0.006 | 3.103 | 3.18 | 0.139 | 0.006 |
| 甘肃 | 0.311 | 0.002 | 3.891 | 3.908 | 0.271 | 0.002 |
| 青海 | 0.404 | 0.002 | 4.586 | 4.097 | 0.339 | 0.002 |
| 宁夏 | 0.242 | 0.025 | 3.632 | 3.693 | 0.217 | 0.024 |
| 新疆 | 0.292 | 0.041 | 3.733 | 3.986 | 0.256 | 0.04 |

数据来源：中国区域间投入产出表（MRIOT）和世界投入产出表（WIOT）。

# 3 生产性服务业FDI对中国制造业升级的影响：空间视角分析[①]

## 3.1 中国生产性服务业FDI流入现状

### 3.1.1 生产性服务业FDI的产业分布和区域分布情况

图3-1给出了2005—2017年中国制造业与服务业FDI的实际流入情况。由此可知，自2005年以来，流入制造业FDI的占比不断下降，流入服务业FDI的占比逐渐上升。自2010年起，服务业FDI在全部实际利用外资的占比开始超过制造业，成为外商直接投资的主要流入产业。同时，生产性服务业FDI在全部实际利用外资的占比也逐年增加。2015年，生产性服务业FDI的占比几乎与制造业FDI的占比持平，说明服务业FDI特别是生产性服务业FDI在中国外资占比中的地位越来越重要，其对中国经济发展的影响值得观察与探究。

① 由于无法获得地区层面的生产性服务业进口数据，因此以服务业FDI这一最重要的服务业进口方式作为代理变量进行研究（李小帆和马弘，2019）。

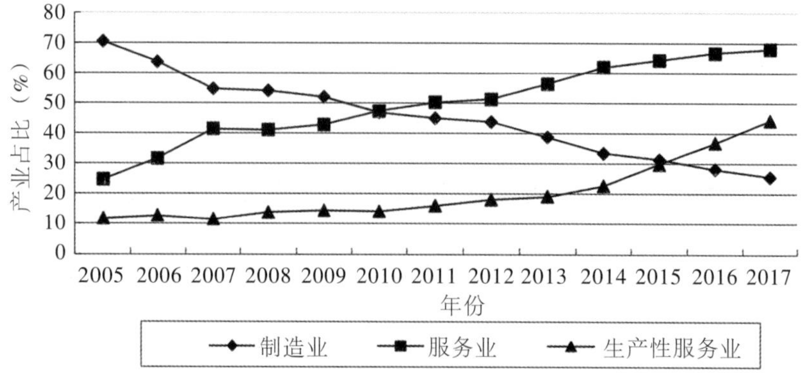


图3-1 中国制造业与服务业FDI的实际流入情况

图3-2进一步给出了中国生产性服务业FDI的行业分布情况。由此可知，中国吸纳的生产性服务业FDI的行业分布并不均匀。2006—2018年，租赁和商务服务业FDI与批发和零售业FDI处于主要地位，样本期内，二者分别占总生产性服务业FDI流入的30.8%和25.7%。金融业FDI的占比较低，低于10%，但自2009年起，金融业FDI增长较快，2014年之后有明显的增长，这与中国进一步开放金融领域、引入外资密切相关。交通运输、仓储和邮政业的占比由2006年的20%下降到2018年的7.8%；科学研究、技术服务和地质勘查业FDI的占比提升缓慢，由2006年的5.1%上升到2018年的11.3%。自2016年以来，信息传输、计算机服务和软件业FDI增加显著。

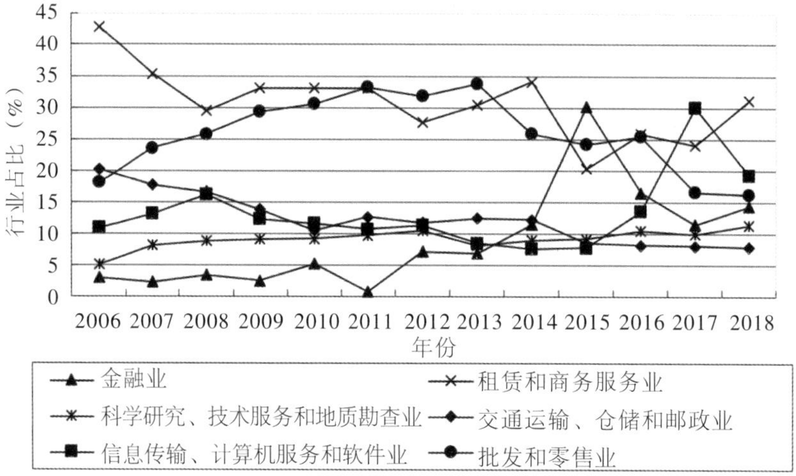


图3-2 中国生产性服务业FDI的行业分布情况

表3-1给出了2017年中国代表性省（自治区、直辖市）的生产性服务业FDI的实际流入情况。由此可知，2017年中国生产性服务业FDI主要集中在东部沿海发达地区，中西部地区生产性服务业FDI的占比较小，造成生产性服务业FDI在地区分布上存在失衡现象。外资企业，尤其是制造业外资企业是服务业外商投资的主要对象，同时受环境、人力资本、基础设施等方面的影响，制造业外资企业主要集中于东部沿海地区，在很大程度上造成了生产性服务业FDI在区域分布上的失衡。

表3-1　2017年中国代表性省（自治区、直辖市）的生产性服务业FDI的实际流入情况　单位：亿美元

| 地区 | 东部 | | | | 中部 | | | 西部 | | 总体 |
|---|---|---|---|---|---|---|---|---|---|---|
| | 辽宁 | 山东 | 广东 | 江苏 | 黑龙江 | 江西 | 湖北 | 重庆 | 陕西 | 全国 |
| 金额 | 9.35 | 37.29 | 86.02 | 47.64 | 6.88 | 11.44 | 15.93 | 12.17 | 3.25 | 580.10 |
| 占比 | 31.08% | | | | 5.9% | | | 2.66% | | 100% |

数据来源：2018年《中国统计年鉴》及对应省份的统计年鉴。

### 3.1.2　生产性服务业FDI的地域空间集聚情况

本书进一步使用区位熵指数考察生产性服务业FDI的空间集聚情况。其中区位熵指数的计算公式为：

$$LQ_{ij}=\frac{q_{ij}/q_j}{q_i/q} \tag{3.1}$$

式中，$LQ_{ij}$为j地区i产业在全国的区位熵，$q_{ij}$为j地区i产业的FDI值，$q_j$为j地区所有FDI值，$q_i$为全国i产业的FDI值，q为全国FDI总值。一般来说，区位熵值越高，地区该产业集聚水平越高。当$LQ_{ij}>1$时，表明j地区i产业的集聚在全国来说具有优势；当$LQ_{ij}<1$时，表明j地区i产业的集聚水平较弱。

表3-2给出了2006—2017年各省（自治区、直辖市）生产性服务业FDI的区位熵值。

表3-2 2006—2017年各省（自治区、直辖市）生产性服务业FDI的区位熵值

| 地区＼年份 | | 2006 | 2007 | 2008 | 2009 | 2010 | 2011 | 2012 | 2013 | 2014 | 2015 | 2016 | 2017 |
|---|---|---|---|---|---|---|---|---|---|---|---|---|---|
| 东部地区 | 北京 | 3.73 | 3.22 | 3.20 | 3.42 | 3.88 | 3.93 | 3.79 | 4.01 | 3.92 | 3.42 | 3.74 | 3.56 |
| | 河北 | 0.37 | 0.24 | 0.29 | 0.24 | 0.35 | 0.67 | 0.34 | 0.41 | 0.56 | 0.63 | 0.21 | 0.18 |
| | 辽宁 | 1.01 | 1.13 | 0.89 | 1.17 | 0.92 | 0.66 | 0.79 | 0.80 | 1.03 | 0.59 | 1.37 | 1.01 |
| | 江苏 | 0.51 | 0.55 | 0.64 | 0.56 | 0.71 | 0.72 | 0.66 | 0.81 | 1.00 | 1.09 | 0.99 | 0.92 |
| | 浙江 | 1.01 | 1.15 | 1.25 | 1.04 | 0.85 | 1.13 | 1.44 | 1.40 | 1.23 | 1.38 | 1.40 | 1.59 |
| | 山东 | 0.46 | 0.67 | 0.79 | 0.62 | 0.83 | 0.73 | 1.12 | 1.21 | 1.03 | 0.99 | 0.99 | 0.78 |
| | 广东 | 1.23 | 1.27 | 1.22 | 1.29 | 1.30 | 1.31 | 1.29 | 1.32 | 1.22 | 1.08 | 1.62 | 1.37 |
| | 福建 | 0.46 | 0.51 | 0.90 | 0.96 | 0.81 | 0.87 | 0.73 | 1.35 | 0.73 | 1.11 | 1.15 | 0.80 |
| 中部地区 | 黑龙江 | 0.20 | 0.20 | 0.78 | 0.44 | 0.69 | 0.89 | 0.88 | 0.38 | 1.10 | 0.68 | 0.45 | 0.41 |
| | 安徽 | 0.12 | 0.79 | 0.86 | 0.58 | 0.45 | 0.35 | 0.45 | 0.43 | 0.56 | 0.44 | 0.37 | 0.44 |
| | 河南 | 0.60 | 0.33 | 0.38 | 0.39 | 0.67 | 0.68 | 0.81 | 0.58 | 0.45 | 0.31 | 0.23 | 0.29 |
| | 江西 | 0.37 | 0.54 | 0.53 | 0.52 | 0.57 | 0.73 | 1.11 | 0.83 | 0.57 | 0.35 | 0.37 | 0.51 |
| | 湖北 | 0.20 | 0.22 | 0.61 | 0.42 | 0.55 | 0.61 | 0.37 | 0.50 | 0.55 | 0.47 | 0.66 | 0.58 |
| 西部地区 | 重庆 | 1.90 | 0.69 | 0.29 | 1.38 | 1.80 | 1.65 | 0.73 | 1.12 | 1.40 | 0.98 | 1.29 | 1.93 |
| | 内蒙古 | 0.36 | 0.02 | 0.33 | 0.02 | 0.23 | 0.55 | 0.75 | 0.54 | 0.60 | 0.35 | 0.13 | 0.07 |
| | 贵州 | 1.28 | 0.88 | 0.65 | 0.45 | 1.40 | 1.33 | 0.69 | 0.73 | 0.28 | 1.67 | 1.34 | 1.52 |
| | 云南 | 0.67 | 1.15 | 0.73 | 0.81 | 0.85 | 0.85 | 0.82 | 0.41 | 0.19 | 0.38 | 0.52 | 0.33 |
| | 陕西 | 0.57 | 0.47 | 0.91 | 1.68 | 0.77 | 1.05 | 0.73 | 0.48 | 0.88 | 0.27 | 0.45 | 0.33 |
| | 甘肃 | 0.62 | 0.08 | 0.63 | 0.28 | 0.96 | 0.97 | 0.09 | 0.13 | 0.03 | 0.02 | 0.01 | 0.00 |
| | 新疆 | 2.55 | 2.85 | 0.17 | 2.11 | 1.83 | 1.93 | 2.45 | 2.68 | 1.85 | 0.87 | 1.85 | 2.43 |
| | 青海 | 0.23 | 0.00 | 0.00 | 0.00 | 0.15 | 0.03 | 0.33 | 0.15 | 1.26 | 2.44 | 2.28 | 0.63 |

数据来源：各省（自治区、直辖市）历年统计年鉴。

为了更直观地观察各省（自治区、直辖市）生产性服务业FDI的集聚状况，在此按照时间顺序选择代表性年份（2006年、2009年、2013年和2017年）将各省（自治区、直辖市）生产性服务业FDI的区位熵值绘成图，如图3-3所示。

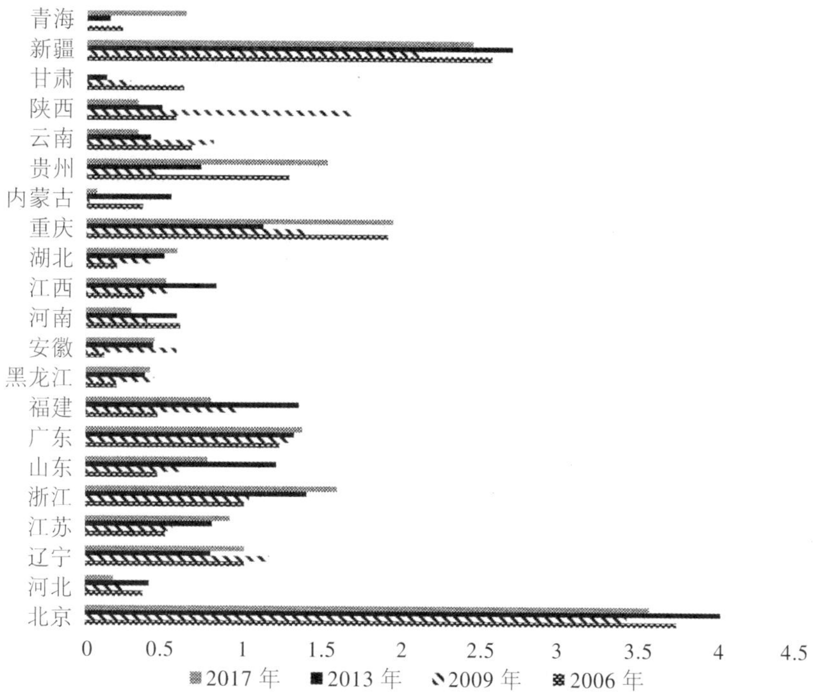


**图3-3　代表性年份各省（自治区、直辖市）生产性服务业FDI的区位熵值**

由表3-2和图3-3可知，生产性服务业FDI在空间上呈现集聚特征。一方面，就整体而言，东部沿海地区生产性服务业FDI的空间集聚程度高于中西部地区。东部地区拥有优越的地理位置、相对充裕的人力资本等区位优势，且对外开放相对较早，吸引了大批的外商直接投资企业，特别是制造业外资企业对这一区域优先投资。生产性服务业FDI具有追随制造业FDI的特点，东部地区制造业FDI的相对集中在一定程度上带来生产性服务业FDI的集聚，同时生产性服务业FDI集聚可以通过规模经济降低行业生产成本，使企业获得更多的收益，由此进一步强化了生产性服务业FDI在东部地区的集聚。另一方面，中西部地区的部分省（自治区、直辖市）如重庆、贵州和新疆的生产性服务业FDI的区位熵值也较高，这与近年来，国家加快部署中西部地区经济发展战略，面向国内外市场需要，因地制宜地把资源优势转化为经济优势，创造外商投资的有利环境密不可分，重庆、贵州和新疆作为“一带一路”沿线地区，吸引大量外资涌入实现产业集聚。

值得注意的是，随着劳动力工资、厂地租金等成本的增加，挤压了产品的利润空间，本土企业通过吸收外资带来的先进技术来实现自我创新，成为外资企业的竞争对手，抢占市场份额，部分外资企业不得不从中国市场撤出转向成本更加低廉的东南亚等国家，部分省（自治区、直辖市）如北京、山东、福建等，其生产性服务业FDI集聚水平经历了由低转高再转低的变化。

### 3.1.3 生产性服务业FDI的产业空间集聚情况

就理论而言，生产性服务业FDI流入可以通过规模经济、技术溢出等渠道逐渐形成空间集聚，拉动和集结区域内相关产业链的上下游企业加速发展，形成自身产品竞争力，促进经济结构优化。考虑数据的可得性，本书采用产业集聚指数CIP[①]对2006—2017年中国生产性服务业FDI及其子行业FDI集聚情况进行计算，度量其在区域的分布情况。其计算公式为：

$$CIP_i = \sqrt{\frac{1}{c}\sum_j\left(\frac{x_{ij}}{\sum_j x_{ij}} - \frac{\sum_i x_{ij}}{\sum_i\sum_j x_{ij}}\right)^2} \times 100 \tag{3.2}$$

式中，$CIP_i$为行业i的产业集聚指数，c为所分析区域的总个数，i为产业标号，j为区域标号，$x_{ij}$为产业i在区域j的产出。

由图3-4可知，2006—2017年，中国生产性服务业FDI集聚水平较稳定，CIP数值多在［3，5］范围内波动。2006年，中国兑现加入世界贸易组织（WTO）的承诺，全面放开服务业FDI，生产性服务业FDI集聚势头旺盛。但随着经济的不断发展，产业集聚也将面临新的挑战，2006—2014年中国生产性服务业FDI集聚水平总体呈下降趋势，2014年以后中国生产性服务业FDI集聚水平有所回升。

从生产性服务业的细分行业来看，金融业与信息传输、计算机服务和软件业的CIP数值最大，均值分别为7.19和8.25，远超生产性服务业总体FDI的均值4.07，说明集聚程度较大；租赁和商务服务业以及科学

① 此指数衡量的是产业分布的相对不均匀程度，同时考虑了不同区域自身经济规模的大小。该指数值越低，产业在各区域分布的相对均匀性越高，集聚程度越弱；反之，集聚程度越强。

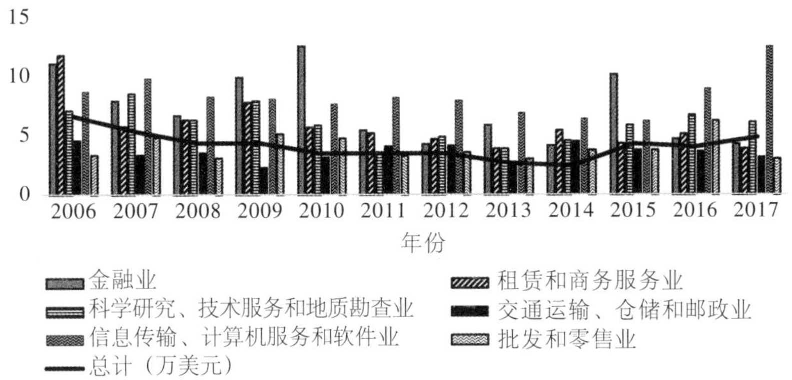


**图3-4 中国生产性服务业FDI集聚的CIP数值**

数据来源：历年《中国统计年鉴》。

研究、技术服务和地质勘查业次之，均值分别为5.76和5.88；交通运输、仓储和邮政业同批发和零售业集聚程度较低，均值分别为3.55和3.93。

对于金融业，中国加入世界贸易组织后，逐步放开对外资银行、证券公司等金融机构的管制，使外资金融机构加速布局中国市场，从而扩大了金融资源的供给，丰富产品服务体系，满足国内市场融资需要，吸引相关企业的集聚。同时，国家大力引进国际金融管理技术，推进金融业良性的市场竞争机制，引发国内金融机构等竞相发展，推动中国金融业FDI集聚规模不断扩大，有利于刺激国内金融市场架构优化，提高金融业市场的资源配置效率。

信息传输、计算机服务和软件业FDI大规模集聚是因为随着经济信息化时代的到来，信息技术对于提高经济质量有着巨大的作用，外资的流入伴随着新的知识技能，填补中国在某些领域的空白，促进中国相关企业汇聚于此学习与模仿，承接外资的行业外包，熟练掌握技术操作，最终实现行业创新，增加产品附加值。

科学研究、技术服务和地质勘查业以及租赁和商务服务业FDI集聚规模超过生产性服务业总体FDI集聚规模，其重要的原因是现代企业愈发重视研发与服务的投入，产品不再只是单一的生产制造，中国良好的研发环境吸引大量的跨国机构来华投资，吸引大量企业集聚学习先进的技术和服务，提高自身在产业链中的地位，寻求新的发展。

交通运输、仓储和邮政业与批发和零售业的外资集聚程度相对较低，这与行业性质存在较高的关联性，反映出这两类相对低端的生产性服务业的外资分布在空间上相对均匀，从数值上来看，外资流入形成的集聚规模相比其他子行业FDI集聚规模较小。

## 3.2 生产性服务业FDI对中国制造业升级的影响分析

### 3.2.1 生产性服务业FDI对中国制造业升级的影响机制

生产性服务业作为制造业投入的重要性已经被广泛证实（Katouzian，1979；Park，1989）。就理论而言，生产性服务业FDI主要通过产业垂直关联效应和产业溢出效应对东道国制造业结构升级产生影响。

从产业垂直关联角度来看，作为一种中间服务，生产性服务业FDI流入的增加，可以为上下游关联性制造业提供更高质量的更加多样化的生产性服务，从而降低生产成本，提高制造业企业的生产效率，从而促进制造业结构升级。具体而言，外国生产性服务业企业通过向下游的本土制造型企业提供服务，形成前向关联。相对于部分东道国本土企业低端的技术水平和匮乏的高级人力资源现状，跨国公司往往具备先进的技术和知识储备，可以提供高品质的服务和技术支持。大量的多样性的生产性服务业企业可以降低其服务的下游制造业行业的质量来调整成本，使得一些处于产业链低端的本土制造企业可以获得来自产业链高端的外资生产性服务业企业品质优良、价格合理的服务，所以生产性服务业FDI的流入可通过与本土制造业的关联关系，促进东道国制造业向高端化方向发展。此外，生产性服务业跨国公司进入东道国后，有时需要东道国的制造业企业提供产品，从而形成后向关联。由于各国（地区）之间的经济竞争越来越激烈，为了达到节约成本和适应FDI流入本地市场的目的，许多跨国公司实施本土化战略来应对挑战，从而提高了生产性服务业FDI的后向关联程度。一些处于东道国本土制造业企业下游的外来生产性服务业FDI会对本土制造业企业产生后向关联的技术外溢效应，提高东道国制造业企业的效率，促进制造业产业结构的转型。

从产业溢出角度来看，FDI通常包含相对充裕的资本、先进的生产经验和较高级的人力资本，随着FDI的流入，通过竞争效应、人力资本的流动、模仿-示范等途径，生产性服务业跨国公司可以通过与东道国本土制造业企业的互动，产生在经营管理、技术知识等方面的溢出，从而促进制造业企业的发展，还可以通过对本土生产性服务业的有效溢出，进而间接地对东道国制造业企业产生影响。具体来说，在竞争效应方面，来自发达国家的生产性服务业FDI有助于提高东道国整体生产性服务的质量，降低生产性服务的价格，增强东道国生产性服务业的竞争力。本土生产性服务业迫于外来的竞争压力，将不得不加强自主创新和转型，为制造业企业提供高性价比和多样性的服务以获得有利的竞争地位。在竞争效应的影响下，制造业企业能够有效地节约搜寻优质生产性服务的交易成本和时间成本，更好地专注于企业自身的发展，促进企业升级。在人力资本流动方面，生产性服务业跨国公司往往需要员工本土化，而对东道国本土员工的培训和高质量的要求，会随着同行业但不同企业员工间的流动，产生外溢效应。同时，由于生产性服务业跨国公司对本土供应商有着较高标准的需求，可能的员工培训也会带来技术外溢，从而促进本土制造业企业的高端化发展。在模仿-示范方面，生产性服务业跨国公司的成功经验能够为本土生产性服务类企业提供较好的示范标准，有助于提高生产性服务业的水平，从而通过产业关联，更好地促进本土制造业的发展与升级。

### 3.2.2 生产性服务业FDI对中国制造业升级的整体实证分析

关于生产性服务业的分类，目前国际上并没有达成统一的标准。本书采用《国民经济和社会发展第十三个五年规划纲要》中对生产性服务业的外延分类，以交通运输、仓储和邮政业，信息传输、计算机服务和软件业，金融业，租赁和商务服务业，科学研究、技术服务和地质勘查业五个行业作为生产性服务业进行考察，分别选取上述行业2006—2014年15个省（自治区、直辖市）的FDI实际流入量作为生产性服务业FDI的衡量指标[①]。

① 受数据可得性限制，本部分样本包括的省（自治区、直辖市）分别为北京、辽宁、河北、山东、广东、江苏、浙江、黑龙江、安徽、江西、河南、湖北、重庆、贵州和陕西。

制造业结构升级主要是指制造业结构高级化的发展过程。在OECD制造业分类基础上，本书将制造业进一步划分为高端、中端和低端技术产业三类（傅元海等，2014），分别用中端技术产业/低端技术产业、高端技术产业/中端技术产业和中高端技术产业/低端技术产业来测度制造业结构升级。就理论而言，除生产性服务业FDI对制造业结构升级存在积极影响外，一国（地区）的城市化水平、就业结构、投资结构也可能对制造业结构的变动带来影响，因此将上述变量作为控制变量纳入模型。同时，考虑生产性服务业FDI对制造业结构升级的影响，可能存在区域差异性，因此将区域虚拟变量也纳入模型。其基本模型为：

$$y_{it} = x_{it}'\beta + \gamma S_t + u_i + \varepsilon_{it} \tag{3.3}$$

式中，$y_{it}$代表各省（自治区、直辖市）制造业结构变动，$x_{it}$为解释变量，$u_i$为不随时间而变的个体特征。具体的各变量定义与说明见表3-3。自2006年起，中国结束了加入世界贸易组织的过渡期，除个别领域外，大部分领域均已取消服务业对外资的限制，进入全面开放阶段。本书考察2006—2014年，在中国服务业整体开放背景下，生产性服务业FDI流入对制造业结构变动的影响。

表3-3 **各变量定义与说明**

| 变量 | 变量名称 | 变量说明 |
|---|---|---|
| 被解释变量 | 制造业结构升级 | 各省（自治区、直辖市）中端与低端技术产业比重、高端与中端技术产业产值之比，数据来源于《中国工业经济统计年鉴》、各省（自治区、直辖市）统计年鉴，记为y |
| 核心解释变量 | 生产性服务业FDI | 各省（自治区、直辖市）生产性服务业FDI相对于制造业FDI的比重，数据来源于各省（自治区、直辖市）统计年鉴，记为fdi |
| 控制变量 | 城市化水平 | 各省（自治区、直辖市）城市人口百分比，数据来源于各省（自治区、直辖市）历年统计年鉴，记为urban |
| | 投资结构 | 各省（自治区、直辖市）固定资产投资总额/国内生产总值（demand），数据来源于各省（自治区、直辖市）历年统计年鉴，记为invest |
| | 就业结构 | 各省（自治区、直辖市）非国有企业就业/该省全部就业，数据来源于各省（自治区、直辖市）历年统计年鉴，记为employee |
| | 危机虚拟变量 | 2008年和2009年取值为1，其他年份取值为0，记为crisis |
| | 区域虚拟变量 | 采用虚拟变量，分为东部、中部、西部区域，以乘法方式计入模型，表示为east*fdi、middle*fdi、west*fdi |

本书首先构建静态面板模型考察生产性服务业FDI流入对制造业结构升级的影响。根据Hausman检验的结果，选择固定效应模型作为基本模型进行估计，回归结果发现：生产性服务业FDI的流入对东部地区产业结构由中端技术产业向高端技术产业升级具有显著积极影响，对中西部地区影响甚微；对产业结构由低端技术产业向中端技术产业调整无显著影响。具体而言，表3-4中第（1）列给出了生产性服务业FDI对中端技术产业结构升级的影响，结果不显著；第（2）列为生产性服务业FDI对高端技术产业结构升级的估计结果，显著为正；而中西部地区的区域虚拟变量结果不显著，说明生产性服务业FDI对产业升级积极效果的发挥主要存在于东部沿海地区。为明确生产性服务业FDI对产业结构升级的影响方向，本书进一步使用中高端技术产业产值占低端技术产业产值的比重作为被解释变量，考察生产性服务业FDI的作用效果。结果发现，生产性服务业FDI对产业结构升级的作用主要是促进中端技术产业向高端化方向发展，而非促进中高端技术产业共同发展。

表3-4 **基准回归结果**

| 变量 | 静态面板模型 | | | 动态面板模型 | | |
|---|---|---|---|---|---|---|
| | (1) | (2) | (3) | (4) | (5) | (6) |
| | 中端/低端 | 高端/中端 | 中高端/低端 | 中端/低端 | 高端/中端 | 中高端/低端 |
| l.y | — | — | — | 0.6271*** | 0.9523*** | 0.7781*** |
| | | | | (0.0000) | (0.0000) | (0.0000) |
| fdi | -0.1443 | 0.2809*** | 0.0918 | -0.1128 | 0.1102** | -0.0685 |
| | (0.1770) | (0.0000) | (0.6080) | (0.1870) | (0.0110) | (0.6940) |
| middle*fdi | -0.5903 | -0.0531 | -1.3600 | 0.8555 | 0.4428 | 1.1450 |
| | (0.4140) | (0.8860) | (0.2630) | (0.3960) | (0.3440) | (0.4590) |
| west*fdi | -0.0557 | 0.0946 | 0.2348 | 0.7343 | -0.0600 | 0.6010 |
| | (0.8180) | (0.4480) | (0.5640) | (0.2120) | (0.9000) | (0.1940) |
| urban | 0.0770*** | 0.0178* | 0.2023*** | 0.0336*** | -0.0016 | 0.0281*** |
| | (0.0000) | (0.0790) | (0.0000) | (0.0000) | (0.9280) | (0.0000) |
| invest | -1.9508*** | -0.6868** | -5.3130*** | -0.1126 | 0.4388 | -2.3620*** |
| | (0.0020) | (0.0300) | (0.0000) | (0.8270) | (0.4850) | (0.0000) |

续表

| 变量 | 静态面板模型 | | | 动态面板模型 | | |
|---|---|---|---|---|---|---|
| | (1) | (2) | (3) | (4) | (5) | (6) |
| | 中端/低端 | 高端/中端 | 中高端/低端 | 中端/低端 | 高端/中端 | 中高端/低端 |
| employee | 14.4271*** | 9.5321*** | -7.4430 | -1.059 | 5.8960*** | 6.0935** |
| | (0.0030) | (0.0000) | 0.3490 | 0.8150 | (0.0010) | (0.0610) |
| crisis | 0.1695* | -0.0166 | 0.2454* | -0.1740*** | 0.0637* | — |
| | (0.0520) | 0.7080 | (0.0930) | (0.0000) | (0.0050) | |
| Hausman检验 | 0.007 | 0.0001 | 0.0008 | — | — | — |
| Sargan检验 | — | — | — | 0.9991 | 0.991 | 0.9978 |
| AR（2）检验 | | | | 0.2187 | 0.1122 | 0.1259 |

注：括号内为p值；***、**、*分别表示在1%、5%和10%水平下显著。

考虑产业结构调整本身可能存在时滞效应，因此进一步采用动态面板模型[①]考察生产性服务业FDI对中国制造业结构升级的作用效果。本书使用两步系统广义矩阵进行估计，估计结果与静态面板模型基本一致。生产性服务业FDI对东部地区制造业产业的高端化发展具有显著而积极的作用，对中西部地区无显著影响。同时，产业结构调整存在显著的滞后效应，上一期产业结构变动能够影响本期产业结构的变动。在控制变量上，城市化水平的提高能够显著促进产业结构的升级，特别是推动产业由低端向中端和高端方向发展，在促进产业向高端化发展时，城市化水平的作用减弱。投资结构对制造业结构升级的作用显著为负，说明固定资产投资规模的扩大并不必然带来制造业结构的升级，中国制造业结构的发展已不再是单纯依靠投入实现升级的阶段；相反，需求水平和需求规模的提升，即消费结构的升级能够从需求端促进和刺激产业结构的升级。从就业结构的影响结果来看，非国有企业就业人数的提高在一定程度上有利于促进产业结构的升级，表明参与外资、民营等其他类型企业的就业人数越多，越有利于市场活力的激发，促进制造业产业的结构

① 为确保估计结果的有效性，尽可能不使用工具变量，最多使用滞后三期的被解释变量，作为工具变量。

升级与转型。危机变量对制造业结构升级的影响具有不确定性。通常，制造业结构的升级是一个长期的过程，金融危机能够在短期内打断产业结构升级的进程，产生负向冲击，但也可能促使产业结构向更高阶段调整和转型。上述动态面板模型均通过Sargan检验和二阶序列不相关检验。

由于生产性服务业FDI与制造业结构升级之间可能存在内生性问题，即制造业结构越发达越可能吸引更多的生产性服务业的外商直接投资，因此本书使用滞后一期的生产性服务业FDI作为工具变量，对高端/中端技术产业产值的占比进行回归，结果见表3-5。表3-5中第（1）列所示的结果与基准回归一致，具有稳健性；第（2）、（5）、（6）列是对控制变量的数目进行调整后的估计结果，与基准回归的结论一致；第（3）、（4）列是对核心解释变量生产性服务业FDI流入的测度，用生产性服务业FDI实际流入占国内生产总值的比重替换。结果发现，生产性服务业FDI规模相对于国内生产总值规模的扩大，无法促进东部地区制造业产业结构向高端化发展，甚至产生抑制作用；相反，西部地区生产性服务业FDI规模的扩大，能够促进该地区制造业结构的升级。对比表3-4和表3-5的第（3）、（4）列可知：一方面，对东部地区而言，FDI流入的行业分布对东部地区制造业向高端化发展具有关键性影响；另一方面，由于西部地区的生产性服务业FDI规模较小，因此适当扩大生产性服务业FDI规模，能够促进该地区制造业向高端化发展。上述结论与刘兵权等（2011）通过分位数回归方法，发现开放经济下中国现代生产性服务业吸引FDI有利于高端制造业的发展，随着现代生产性服务业吸引FDI数量的增加，对高端制造业发展的促进作用减弱相似。

表3-5 **稳健性检验**

| 变量 | （1） | （2） | （3） | （4） | （5） | （6） |
|---|---|---|---|---|---|---|
| l.y | — | — | — | — | 0.9086*** | 0.8308*** |
| | | | | | （0.0000） | （0.0000） |
| fdi | 0.1634** | 0.3531*** | −0.4699*** | −0.0061*** | 0.0687** | 0.0969*** |
| | （0.0300） | （0.000） | （0.005） | （0.001） | （0.059） | （0.0000 |

续表

| 变量 | （1） | （2） | （3） | （4） | （5） | （6） |
| --- | --- | --- | --- | --- | --- | --- |
| middle*fdi | 0.0048<br>（0.994） | −0.2191<br>（0.576） | 0.5875<br>（0.126） | 0.0063<br>（0.128） | 0.022<br>（0.953） | 0.2484<br>（0.4900） |
| west*fdi | −0.081<br>（0.688） | −0.013<br>（0.92） | 0.7083***<br>（0.001） | 0.0078***<br>（0.001） | 0.0484<br>（0.901） | 0.112<br>（0.21） |
| urban | 0.0236*<br>（0.076） | 0.0185*<br>（0.084） | 0.0243**<br>（0.029） | 0.0265**<br>（0.029） | 0.0084<br>（0.536） | 0.0124***<br>（0.001） |
| invest | −0.7181*<br>（0.091） | −0.4388<br>（0.179） | −0.7197**<br>（0.041） | −0.4026<br>（0.284） | 0.388<br>（0.474） | — |
| employee | 11.977***<br>（0.0000） | — | 12.17***<br>（0.0000） | — | — | 6.3694***<br>（0.0000） |
| crisis | 0.0038<br>（0.947） | −0.0141<br>（0.765） | −0.0072<br>（0.883） | −0.0001<br>（0.998） | | 0.0748***<br>（0.0000） |
| Hausman检验 | 0.0001 | 0.075 | 0.0165 | 0.0231 | | |
| Sargan检验 | — | — | — | — | 0.9561 | 0.9757 |
| AR（2）检验 | | | | | 0.1369 | 0.1679 |

注：括号内为p值；***、**、*分别表示在1%、5%和10%水平下显著。

### 3.2.3 生产性服务业FDI对中国制造业升级的空间溢出效应分析

何青松等（2012）和矫萍（2014）研究表明，生产性服务业FDI在空间上存在技术溢出效应。因此，在基准回归的基础上，本书进一步考察生产性服务业FDI对东部地区制造业向高端化发展是否通过FDI的空间溢出效应产生促进作用。Moran I的结果表明，生产性服务业FDI在东部地区各省（自治区、直辖市）间存在统计意义上的空间影响。本书采用空间杜宾模型考察生产性服务业FDI对东部地区制造业升级的空间影响。由Hausman检验结果可知，需采用固定效应模型进行回归，回归

结果见表3-6。本书采用了三种空间权重矩阵，第一种为空间邻接矩阵（w1），相邻的各省（自治区、直辖市）赋值为1，其他赋值为0。为保证空间权重矩阵设定对估计结果影响的稳健性，本书进一步引入空间地理距离权重矩阵（W2）和空间经济距离权重矩阵（W3）。其中，空间地理距离权重为各省（自治区、直辖市）间地理距离的倒数（1/d），地理距离数据来自国家测绘局；空间经济距离权重可表示为：$e_{ij}=\frac{1}{\left|\bar{Y}_i-\bar{Y}_j\right|}$，$i\neq j$。其中，$\bar{Y}_i=\frac{1}{t_1-t_0+1}\sum_{t=t_0}^{t_1}Y_{it}$，否则 $e_{ij}=0$，$i=j$。$Y_{it}$为i地区t年的实际人均收入，数据来源于各省（自治区、直辖市）统计年鉴。

从直接影响的估计结果来看，对东部地区而言，生产性服务业FDI能够显著促进制造业结构向高端化升级，这一结果与基准回归结果一致。在空间溢出效应上，表3-6中第（1）至（4）列的回归结果表明，生产性服务业FDI的流入能够有效促进地理空间上邻接的各省（自治区、直辖市）制造业结构的升级，带来正向的空间溢出效应；第（5）、（6）列的空间溢出效应不显著，说明生产性服务业FDI对经济发展水平差异较小的各省（自治区、直辖市）间不存在溢出效应。经济发展水平相近的各省（自治区、直辖市）间竞争性较强，因此生产性服务业FDI对经济发展水平相近的各省（自治区、直辖市）间并不存在空间溢出效应。

表3-6　　**空间杜宾模型回归结果**

| 变量 | (1) | (2) | (3) | (4) | (5) | (6) |
|---|---|---|---|---|---|---|
| | 空间邻接 | 空间邻接 | 地理距离 | 地理距离 | 经济距离 | 经济距离 |
| fdi | 0.2994** | 0.3172** | 0.2665* | 0.3832*** | 0.2607* | 0.3517** |
| | (0.038) | (0.026) | (0.081) | (0.02) | (0.098) | (0.028) |
| urban | 0.2218*** | 0.2775*** | 0.1978*** | 0.4225*** | 0.2248*** | 0.1661*** |
| | (0.000) | (0.000) | (0.000) | (0.000) | (0.000) | (0.000) |
| invest | −5.4907*** | −6.448 | −5.5101*** | −9.22 | −3.79106** | — |
| | (0.001) | (0.000) | (0.001) | (0.000) | (0.016) | |

续表

| 变量 | (1) | (2) | (3) | (4) | (5) | (6) |
|---|---|---|---|---|---|---|
| | 空间邻接 | 空间邻接 | 地理距离 | 地理距离 | 经济距离 | 经济距离 |
| employee | 38.4797*** | 39.7468*** | 37.4953*** | — | 32.6023*** | 41.5656*** |
| | (0.000) | (0.000) | (0.000) | | (0.001) | (0.000) |
| 直接效应 | 0.2286* | 0.2279 | 0.2417* | 0.3173*** | 0.2853** | 0.3692** |
| | (0.0900) | (0.1030) | (0.0760) | (0.0320) | (0.0590) | (0.0160) |
| 空间溢出效应 | 0.3978** | 0.3298** | 0.7209** | 0.9845** | -0.65 | -0.9934 |
| | (0.016) | (0.033) | (0.03) | (0.015) | (0.494) | (0.331) |
| 个体固定 | Y | Y | Y | Y | Y | Y |
| 时间固定 | N | Y | N | Y | N | N |

注：括号内为p值；***、**、*分别表示在1%、5%和10%水平下显著。

## 3.3 生产性服务业FDI空间集聚对中国制造业升级的影响

### 3.3.1 生产性服务业FDI空间集聚对制造业升级的影响机制分析

第一，生产性服务业FDI集聚通过规模经济效应吸引众多生产性服务企业及价值链上的相关产业集中在一定区域，大大增加了运输、通信的便利程度，促进企业间的交流与合作，使企业自身充分发挥各种生产要素的效能，提高生产效率产生外部规模经济。同时，集聚区域中产业技术、劳动力、基础设施等汇聚密集，有利于区域内的企业共享交通、技术、设备等资源，提高市场信息的对称性，组织生产专业化，使上下游企业都减少搜寻原料产品的成本和交易费用，进而降低产品的生产成本，实现内部规模经济。随着经济的不断发展，生产性服务业受社会分工影响，为适应新的生产需要，从制造业独立出来，又作为中间环节投入产品进入制造业的生产而非直接面向最终消费者，即制造业的成本中包含了生产性服务成本，因此生产性服务业FDI集聚利用规模经济效应，大大降低了自身产品的成本，也直接降低了需要投入相关中间服务的制造业的生产成本，为制造业的生产经营活动提供技术交流、专业人才、基础设施等便利，使制造业的发展可以充分利用人力资本和知识资本等高级生产要素，来加快企业自主创新步伐，提高产品附加值，最终促进制造业的升级。

第二，生产性服务业FDI集聚使一定地理范围内的相关产业吸引更多外商的直接投资，增加资金供给，从而可以形成更大规模的产业集聚。同时，如果外资带来本地原本并没有的产业，可以逐渐引导本地相关企业的发展，最终形成新的集聚。生产性服务业FDI集聚带来的资金供给，促进了经济的发展，拉动了国民收入，居民消费水平随之提高，推动消费结构日趋多样化，进而使与生产性服务业相关联的制造业的生产方式发生改变。通过技术革新、管理创新等手段提高制造业企业的生产效率和产品质量，不断提升产品的增加值，使制造业由微笑曲线的底端上移至获利丰厚的价值链的两端，即研发端和市场端，最终使制造业从劳动密集型向知识密集型、技术密集型和资本密集型方向转变。

第三，生产性服务业FDI集聚区域内的企业相互交流，有利于引进外国优秀的生产技术与人员，促进知识的传播，为本土的制造业企业注入新的活力，并通过技术溢出的竞争、示范和员工流动三种渠道带动了制造业企业的生产，不断缩小中国与发达国家的技术差距，实现制造业的优化升级。具体来说，外商直接投资的涌入不可避免地挤占了一定的市场份额，加剧了国内市场的竞争程度，优胜劣汰，迫使本土制造业企业不断提高资源利用率和技术水平，进而推动整体生产水平的提高，打造出高质量低成本的产品。生产性服务业本身就是制造业生产活动的一环，为制造业提供中间产品，因此生产性服务业FDI集聚刺激生产性服务业企业加强竞争意识，在提供物美价廉的服务的同时，提高自身的知识技术等，并将这些要素传递到有关的制造业生产中，促进制造业的发展。同时，生产性服务业FDI集聚为中国提供了接触先进企业学习高新技术的机会，产生示范效应。企业可以通过“干中学”，一边引进国外的高精尖技术与产品，弥补技术上的不足，一边汲取外企的经验和教训，减少试错成本，努力追赶发达国家的研发步伐。生产性服务业FDI集聚将这些要素传递并渗透到制造业的生产环节中，不仅有利于制造业技术水平的提升，提高产品的附加值，而且有利于提高制造业的自主创新与研发意识，加快制造业升级的步伐。此外，生产性服务业FDI集聚可提供充足的就业机会和发展机会，会对人才产生磁场效应，吸引大量拥有专门技能的人才，使企业在短时间内以较低的费用找到合适的岗位人才，降低用人成本。除此之外，生产性服务业FDI集聚下大量的本地员工有机会进入跨国公司工作并接受技术与管理上的专业培训，学习前沿技术与卓越的管理制度及理念。而生产性服务业与制造业在生产活动过程中人员流动十分频繁，这些在跨国公司学到技术与管理的人才可作为知识的载体，将其掌握的知识传播出去，产生知识的溢出，有利于制造业企业的革新，为其转型升级提供智力支持。

### 3.3.2 生产性服务业FDI空间集聚对制造业升级的实证考察

（1）变量选取与数据来源

本书通过制造业高级化指数（UPG）对制造业升级进行测度和衡量[①]，并以高端技术产业产值与中端技术产业产值之比作为稳健性检验指标。

核心解释变量为生产性服务业FDI集聚程度，利用区位熵值（LQ）进行测度。控制变量包括城市化水平（Urban），用非农业人口占总人口的比值表示；政府干预水平（Gov），用财政支出占国内生产总值的比值表示；教育水平（Edu），用该地区每亿人口的高校在校生人数表示；互联网使用情况（Inter），用各省（自治区、直辖市）互联网使用人数（亿人）占总人口的比值表示；贸易开放程度（Open），用各省（自治区、直辖市）进出口总额（亿元）占国内生产总值的比值表示。由于部分省（自治区、直辖市）的数据公布不完整，本书选取全国21个省份[②]2006—2016年的数据，数据来源于历年的《中国统计年鉴》、《中国工

① 指数的具体形式参见本书第2章。

② 东部地区各省（自治区、直辖市）包括北京、河北、辽宁、江苏、浙江、福建、山东和广东；中部地区各省（自治区、直辖市）包括黑龙江、安徽、江西、河南和湖北；西部地区各省（自治区、直辖市）包括内蒙古、重庆、贵州、云南、陕西、甘肃、青海和新疆。

业统计年鉴》和国家数据网。上述指标的描述性统计情况见表3-7。

表3-7 各变量指标的描述性统计

| 变量 | 样本数 | 均值 | 极小值 | 极大值 | 标准差 |
|---|---|---|---|---|---|
| TL | 231 | 0.1747 | 0.1707 | 0.7167 | 0.0885 |
| UPG | 231 | 6.1330 | 5.2271 | 7.3197 | 0.4455 |
| LQ | 231 | 0.9384 | 0.0001 | 4.0122 | 0.8623 |
| Urban | 231 | 0.5177 | 0.2745 | 0.8651 | 0.1237 |
| Inter | 231 | 0.3601 | 0.0385 | 0.7778 | 0.1760 |
| Open | 231 | 0.3102 | 0.0321 | 1.6976 | 0.3621 |
| Gov | 231 | 0.2171 | 0.0837 | 0.6269 | 0.1066 |
| Edu | 231 | 2.3878 | 0.869 | 6.97 | 1.2563 |

（2）生产性服务业FDI集聚对中国制造业升级的影响分析

表3-8给出了生产性服务业FDI集聚对制造业升级影响的双向固定效应模型的回归结果。由表3-8可知，生产性服务业FDI集聚对中国制造业结构高级化存在显著的正向影响关系，即生产性服务业FDI集聚可以通过规模经济效应、增加资金供给和技术溢出机制来促进制造业向高端化方向发展。在控制变量方面，贸易开放程度对制造业结构高级化影响作用显著，对外开放程度高的地区可以吸引更多的制造业相关企业进入，促进地区制造业整体发展。教育水平正向影响中国制造业结构高级化，高水平知识人员凭借自身学习能力为技术研发、市场开拓和企业管理等提供服务，促进制造业向高端化方向发展。互联网使用情况对中国制造业结构高级化的实现也有积极影响，在信息化带动工业化的背景下，“互联网+”的应用可以降低制造业在使用信息与技术上的成本，推动区域间信息与技术的传递，为制造业高级化转型提供新的发展路径。城市化水平对中国制造业结构高级化的实现有负向影响，尹希果（2014）在研究二者之间的关系时，指出城市化水平对制造业发展的影响呈“V”形变化，随着时间的推移，城市的承载力达到极限，早期的促进作用不再明显，拥挤效应会抑制产业的进一步发展，所以城市化水平需要维持在适度规模上，而非越高越好。

表3-8 **生产性服务业FDI集聚对中国制造业升级影响的估计结果**

| 变量 | lnUPG（FE） | lnUPG（RE） |
|---|---|---|
| lnLQ | 0.5564**<br>(0.034) | 0.3598*<br>(0.059) |
| lnGov | 0.0428<br>(0.180) | 0.0414<br>(0.176) |
| lnUrban | -0.3736**<br>(0.022) | -0.1792*<br>(0.071) |
| lnOpen | 0.1549***<br>(0.005) | 0.2589***<br>(0.009) |
| lnEdu | 0.2854**<br>(0.042) | 0.2381*<br>(0.062) |
| lnInter | 0.0523*<br>(0.074) | 0.0619<br>(0.253) |
| C | 1.8273***<br>(0.00) | 1.8250***<br>(0.000) |
| $R^2$ | 0.7033 | 0.6740 |

注：括号内为P值，*、**、***分别表示在10%、5%和1%水平下显著。

本书进一步使用高端技术产业产值与中端技术产业产值之比（H）作为制造业升级的代理变量，利用双向固定效应模型进行回归，回归结果见表3-9。由此可知，本书的回归结果具有稳健性。就整体而言，生产性服务业FDI集聚有助于促进中国制造业的转型升级。

表3-9 **生产性服务业FDI集聚对中国制造业升级影响的稳健性检验**

| 变量 | lnH（FE） | lnH（RE） |
|---|---|---|
| lnLQ | 0.4461***<br>(0.006) | 0.6182***<br>(0.000) |
| lnGov | 0.0502<br>(0.349) | 0.0752<br>(0.161) |
| lnUrban | -0.4032**<br>(0.015) | -0.1286<br>(0.236) |
| lnOpen | 0.0957***<br>(0.004) | 0.0892***<br>(0.009) |
| lnEdu | 0.2055*<br>(0.083) | 0.0387<br>(0.731) |
| lnInter | 0.0531*<br>(0.074) | 0.0638**<br>(0.022) |
| C | -0.2362**<br>(0.029) | -0.0440<br>(0.553) |
| $R^2$ | 0.8264 | 0.8216 |

注：括号内为P值，*、**、***分别表示在10%、5%和1%水平下显著。

本书进一步考察生产性服务业FDI集聚在不同区域对中国制造业升级的影响。由表3-10可知，生产性服务业FDI集聚对中国制造业升级的作用无明显的地域差异。由中国生产性服务业FDI的空间集聚情况可知，对生产性服务业FDI集聚程度高的地区，应进一步强化生产性服务业的发展和集聚，形成良好的产业集群，促进制造业的转型升级以及生产性服务业与制造业的深度融合。对生产性服务业FDI集聚程度较低的地区，可以通过提供良好的营商环境、优质的基础设施建设以及适度的政策引导，增强地区生产性服务业FDI的流入，促进本地区制造业的发展。

表3-10 **生产性服务业FDI集聚对中国制造业升级影响的分地区回归结果**

| 变量 | (1) | (2) | (3) | (4) |
|---|---|---|---|---|
| | lnUPG（东部地区） | lnUPG（中西部地区） | lnUPG（东部地区） | lnUPG（中西部地区） |
| lnLQ | 0.7847*** (0.000) | 0.6017*** (0.000) | 0.8254*** (0.000) | 0.7107*** (0.000) |
| lnGov | 0.0543 (0.603) | 0.1094* (0.084) | — | — |
| lnUrban | 0.0842 (0.654) | 0.1122* (0.086) | — | — |
| lnOpen | 0.1615** (0.043) | 0.0864** (0.028) | 0.2416* (0.082) | 0.1116*** (0.003) |
| lnEdu | 1.0440* (0.079) | 0.5434* (0.066) | 0.7850*** (0.006) | 0.0280* (0.064) |
| lnInter | 0.3334*** (0.007) | 0.0139 (0.108) | 0.4489** (0.038) | 0.1664* (0.087) |
| C | −0.6863** (0.024) | −0.7889** (0.046) | −0.7075*** (0.009) | −0.1219 (0.115) |
| Hausman检验P值 | 0.0985 chi2=10.69 | 0.0489 chi2=12.65 | 0.0000 chi2=42.80 | 0.0000 chi2=36.66 |
| $R^2$ | 0.7853 | 0.8459 | 0.7843 | 0.8405 |

注：括号内为P值，*、**、***分别表示在10%、5%和1%水平下显著。

## 3.4 本章小结

受数据可得性限制，目前无法获得省级层面中国生产性服务贸易进口的数据。现有研究表明，供应模式3即商业存在是全球范围内占主导位置的服务贸易供应模式，约占60%（Wettstein等，2019），与商品相比，许多服务只有通过其国外附属企业在当地生产才能供应外国市场，因此生产性服务业FDI在很大程度上可以作为总体生产性服务贸易进口的代理变量。

本章从中国生产性服务业FDI的现状入手，对中国生产性服务业FDI的产业分布、区域分布、地域空间集聚和产业空间集聚现状进行分析，并在利用静态和动态面板数据模型考察生产性服务业FDI对中国制造业升级影响的基础上，着重从空间溢出效应和空间集聚两个方面考察了生产性服务业FDI对中国制造业升级的影响。

首先，生产性服务业FDI的流入对东部地区制造业结构由中端技术产业向高端技术产业升级具有显著的影响，对中西部地区影响较小；生产性服务业FDI的流入对制造业结构由低端技术产业向中端技术产业的调整无显著影响。各地区应积极鼓励生产性服务业FDI的流入，促进生产性服务业开放潜力的释放。

其次，空间杜宾模型的回归结果表明，生产性服务业FDI具有正向的空间溢出效应，即能够有效促进地理空间邻接区域的制造业升级，但对经济发展水平差异较小的省份的溢出效应不明显。为了有效促进中国制造业整体转型升级，促进区域间经济协调发展，与东部区域地理空间邻接的中西部区域，应积极利用生产性服务业FDI的正向空间溢出效应，有效促进本地区制造业向高端化、高质量方向发展。

最后，生产性服务业FDI的空间集聚同样有助于中国制造业的转型与升级，有利于制造业向高端化发展。当前各地区生产性服务业FDI的空间集聚水平较低，各地区在积极引导生产性服务业FDI流入、提升引资质量的同时，可积极通过建立相关产业园区等的方式促进生产性服务业FDI的空间集聚，推动生产性服务业产业集群的发展，以便更好地利用和发挥生产性服务业FDI在促进中国制造业升级中的空间效应。

# 4 生产性服务业进口对中国制造业结构升级的影响：动态门限效应分析

## 4.1 生产性服务业进口、市场分割与制造业结构升级：理论分析

生产性服务业不同于制造业的一个显著特点在于生产性服务业的提供者通常需要接近服务被提供的区域，对于生产性服务业进口而言，进口国的制度质量显得尤为重要。进口国当地的制度环境通常会影响到出口国的贸易决策，Anderson 和 Marcouiller （2002）、Beverelli 等（2017）等研究表明，制度质量在生产性服务业进口作用发挥中的重要作用，进口国低质量的制度环境会增加贸易商和投资者的不确定性与不安全感。

对中国这一最大发展中国家而言，高质量的制度环境对有效吸收生产性服务业进口和促进制造业升级具有重要意义。其中，国内产品和要素市场的一体化是中国实现以国内大循环为主体，国内国际双循环相互促进的新发展格局的重要前提，也是优化供给侧与需求侧改革的必要条

件。然而，中国从计划经济走向市场经济转型时期的市场分割现象割裂了区域间的经济联系，严重削弱甚至损害了国内的分工合作和市场整合的效果。虽然Naughton（2000）、陆铭和陈钊（2009）等学者的研究认为，中国国内区域市场趋于整合，但不可否认，中国国内市场分割现象依然存在。当前，关于市场分割的测度、市场分割的成因和市场分割对经济发展影响的研究相对丰富[①]，但缺乏从市场分割视角探讨其在生产性服务业进口影响制造业转型升级中的作用与机制的研究。本章将从理论上分析市场分割对生产性服务业进口和制造业转型升级可能产生的影响。

产业保护是市场分割的表现形式之一。幼稚产业保护论及“新李斯特经济学”（Selwyn，2009）等产业保护论认为，发展中国家实施产业保护具有必要性，一国可以通过保护其幼稚产业来促进该类产业的发展，实现对先行国家的赶超。经济史研究表明，俾斯麦时期的德意志第二帝国、朴正熙时期的韩国等均依靠幼稚产业保护政策促进了本地企业的快速发展和生产率的提升。第二次世界大战后，多数发展中国家在实行幼稚产业保护过程中陷入了“李斯特陷阱”（覃成林和李超，2013）。由此可知，一国幼稚产业保护是否取得产业效果，与其产业特征和本国特征联系密切，需要满足一定的先决条件（王第海和龚六堂，2006）。

从理论上而言，一方面，生产性服务业进口国的地方政府对本地生产性服务业的过度保护，会抑制本地企业对生产性服务业的进口需求，从而降低生产性服务业进口规模，使得生产性服务业进口对当地生产性服务业发展的补充效应不能有效发挥，进而影响生产性服务业进口在促进制造业升级中作用的发挥。换言之，当地政府往往急于支持当地企业发展，从而限制了利用外部机会和优势实现产业升级的可能性（Brandt和Thun，2016）。对制造业企业而言，从长期来看，高强度的市场分割会导致本土制造企业，特别是内部治理机制不完善的企业倾向于安于现状，不利于提升企业的竞争力，削弱或减缓了制造业企业转型升级进

① 参见徐保昌和谢建国（2016）对这一问题的综述。

程。此外，高强度的市场分割还会人为地割裂市场需求和供给的双向互动，造成供需关系脱节，从而抑制生产性服务业进口对制造业发展的支持作用。另一方面，由于生产性服务业的无形性特征，使较低强度的地方保护制度和规则可能并不足以制约生产性服务业进口作用的发挥，同时，当市场分割强度较低时，制造业企业可在短期内通过地区内部的激励措施实现本地企业的升级。

要素流动性下降是市场分割的另一个重要表现。对生产性服务业进口而言，劳动力和资本要素的流动是促进一国制造业整体发展的重要途径，当地方政府出于保证经济增长、财政收入、就业等原因，通过行政手段阻碍外地企业以及资本、劳动力等生产要素进入当地市场，或限制本地经济要素向外部流动，这会使得生产性服务业进口要素无法在一国范围内有效配置给最需要的制造业企业，即制造业企业无法获得最优的生产性服务要素，进而影响制造业企业的规模化生产以及企业生产效率和技术水平的提升。值得注意的是，不同于实体部门，金融、批发和零售等生产性服务业部门本身具有无形性和流动性等特征，因此，较低程度的市场分割对生产性服务要素配置的负面影响较小，但高程度的市场分割会使得其对资源配置的抑制作用凸显。同时，严重的要素市场分割还会阻碍各地区发挥比较优势以实现特色产业的最优模式，导致制造业产业结构趋同，造成资源浪费和过度竞争。要素流动性的下降，导致资源的错配和信息不对称等增加了企业成本，降低企业研发投入意愿和技术创新能力，进而阻碍制造业高端化的发展（余东华和张昆，2020）。

综上，较高强度的市场分割对生产性服务业进口的制造业升级效应具有抑制作用，但较低强度的市场分割的抑制作用不明显，即市场分割对生产性服务业进口在制造业升级中的作用理论上存在门限效应。

## 4.2 生产性服务业进口、市场分割与制造业结构升级：基于动态面板门限模型的实证分析

### 4.2.1 模型设定与变量选取

（1）动态面板门限模型（DPTM）估计方法

基于Hansen（1999）提出的面板门限模型在实证研究领域有着广泛的应用，然而该方法的一个重要限制在于要求全部变量均具有外生性。当被解释变量的滞后值成为解释变量时，会由于动态面板偏差产生内生性，导致假设条件不被满足。Kremer（2013）在此基础上，将Arellano和Bover（1995）提出的前向正交离差变换法和Caner和Hansen（2004）提出的截面工具变量估计方法相结合，提出一种混合的动态面板门限模型，放松了解释变量的外生性假定①。在这一模型中，重要控制变量的内生性也不再是一个问题。已知面板门限模型：

$$y_{it} = \mu_i + \beta_1' z_{it} I(q_{it} \leqslant \gamma) + \beta_2' z_{it} I(q_{it} > \gamma) + \varepsilon_{it} \tag{4.1}$$

其中，i=1，…，N，代表样本个体；t=1，…，T，为样本期间；$\mu_i$为个体固定效应；$\varepsilon_{it}$为独立同分布扰动项；I（·）为门限指示函数，该函数由门限变量$q_{it}$定义；γ为门限水平；$z_{it}$是包括被解释变量滞后期和其他内生解释变量在内的m维解释变量，解释变量可进一步分为子集$z_{1it}$和$z_{2it}$，其中$z_{1it}$为与扰动项无关的外生变量集合，$z_{2it}$为与扰动项相关的内生变量集合。此外，该模型要求工具变量$x_{it}$包括在$z_{1it}$中。

步骤一：消除个体效应。

传统的消除个体效应的组内变化和一阶差分法均无法获得一致估计，在此使用Arellano和Bover（1995）提出的前向正交离差变换法消除个体固定效应，有效避免变换后误差项存在序列相关问题。前向正交离差变换后的误差项如下：

---

① 使用Kremer（2013）方法的前提是门限变量具有外生性，本章涉及的市场分割与互联网发展符合这一假设前提。当门限变量具有内生性时，需采用基于一阶差分转换的GMM方法予以解决，可参见Seo和Shin（2016）的研究。

$$\varepsilon_{it}^{*}=\sqrt{\frac{T-t}{T-t+1}}\cdot\left[\varepsilon_{it}-\frac{1}{T-t}(\varepsilon_{it+1}+\cdots+\varepsilon_{iT})\right],t=1,\cdots,T-1 \quad (4.2)$$

该扰动项间不存在序列相关性，从而确保可以使用Caner和Hansen（2004）的方法估计动态面板模型。即：

$$Var(\varepsilon_i)=\sigma^2 I_T \Rightarrow Var(\varepsilon_i^{*})=\sigma^2 I_{T-1} \quad (4.3)$$

步骤二：模型估计。

与Caner和Hansen（2004）对包含内生解释变量的动态面板门限处理方法相同，运用面板模型最小二乘法估计一个包含内生解释变量集 $z_{2it}$ 与其工具变量集 $x_{it}$ 的简化方程，获得内生解释变量 $z_{2it}$ 的拟合值 $\widehat{z_{2it}}$，并将其作为内生变量的工具变量代入模型。然后按照门限变量进行排序，逐一取门限值代入前向正交利差变换模型，通过面板模型最小二乘法估计获得残差平方和 $S(\gamma)$，同时根据残差平方和最小原则选择门限值的估计值，即 $\hat{\gamma}=\underset{\gamma}{\operatorname{argmin}}S_n(\gamma)$。由Hansen（1999）、Caner和Hansen（2004）的研究可知，门限值95%的置信区间由下式确定：

$$\Gamma=\{\gamma:LR(\gamma)\leqslant C(\alpha)\} \quad (4.4)$$

其中，$C(\alpha)$ 为95%水平上极大似然函数 $LR(\gamma)$ 的渐进分布值。确定门限值后，可以运用GMM方法结合工具变量获得不同区间的门限估计系数。

（2）动态面板门限模型设定与变量选取

结合前文的理论分析，考虑到制造业结构转型具有时滞效应，在此采用动态面板门限模型进行实证分析，模型形式如下：

$$MU_{it}=\alpha_0+\beta_1 MU_{it-1}+\alpha_1 PSIM_{it}\times I(q_{it}\leqslant\gamma_1)+\alpha_2 PSIM_{it}\times I(q_{it}>\gamma_1)+\alpha_3 X_{it}+\mu_i+\upsilon_t+\varepsilon_{it} \quad (4.5)$$

其中，i为样本省份；t为样本年份；$MU_{it}$ 为制造业升级变量；$PSIM_{it}$ 为生产性服务业进口变量；$q_{it}$ 为市场分割门限变量；$X_{it}$ 为其他控制变量；$\mu_i$ 为个体固定效应；$\upsilon_t$ 为时间固定效应。样本区间为2006—2018年，样本对象为21个省、自治区和直辖市[①]。

式（4.5）的变量中，制造业升级情况以高端制造业与中低端制造

① 分别为北京、河北、内蒙古、辽宁、黑龙江、江苏、浙江、安徽、福建、江西、山东、河南、湖北、广东、重庆、贵州、云南、陕西、甘肃、青海、新疆。

业产值占比情况衡量；因目前尚无法直接获取不同省份生产性服务业进口数据，在此使用生产性服务业FDI作为代理变量，以各省生产性服务业FDI流入占该省全部FDI的比重进行衡量；根据现有关于制造业升级的研究，选取各省创新程度（INOV）、经济发展水平（PGDP）和金融发展程度（FIN）以及城市化水平（URB）作为控制变量，其中，创新水平采用人均专利申请数量衡量，经济发展水平采用各省人均GDP指标，金融发展程度采用金融机构存贷款占GDP比重测度，预期控制变量符号为正，以上数据来源于《中国统计年鉴》《中国科学统计年鉴》和各省历年统计年鉴，具体情况可参见表4-1。

表4-1 变量测度方法和数据来源

| 变量 | 测度方法 | 数据来源 |
|---|---|---|
| 制造业升级指数（MU） | 高端制造业产值占中端制造业产值比重 | 历年省级统计年鉴 |
| 生产性服务业外商投资（FDI） | 生产性服务业外商投资流入量占总的外商直接投资流入量比重 | 历年省级统计年鉴 |
| 制造业升级指数滞后一期（$MU_{it-1}$） | 制造业升级指数（MU）滞后一期 | 历年省级统计年鉴 |
| 市场分割程度（SEGM） | 价格法 | 《中国统计年鉴》 |
| 互联网发展水平（INT） | 互联网普及率（网民人数/行政区域总人口数×100%） | CEIC数据库 |
| 创新水平（INOV） | 人均专利申请量（专利申请量/行政区域总人口数） | 《中国科学统计年鉴》 |
| 经济发展水平（PGDP） | 各省人均GDP（全省GDP/行政区域总人口数） | 《中国统计年鉴》 |
| 金融发展程度（FIN） | 各省金融机构存贷款额占全省GDP比重 | 《中国统计年鉴》 |
| 城市化水平（URB） | 城镇人口占总人口比重 | 《中国统计年鉴》 |

在门限变量市场分割的测量上，目前主要方法有生产法（Young，2000）、经济周期法（Xu，2002）、贸易流量法（Naughton，2003）、价

格法（Parsley和Wei，2001；吕越等，2018）。与其他方法相比，价格法可以更加准确和直接地反映地区间的市场分割程度，因此本书使用价格法测度中国省份间的市场分割程度，通过测度商品市场分割与资本市场分割情况构建各省综合市场分割指数。具体计算过程包括：第一步，计算相邻省（自治区、直辖市）i和m的相对价格绝对值：$\left|P_{imt}^{z}\right| = \left|\ln(P_{it}^{z}/P_{mt}^{z}) - \ln(P_{it-1}^{z}/P_{mt-1}^{z})\right|$，其中，z为商品或资本品种类；第二步，消除与特定商品相关的固定效应导致的系统偏差：$\left|P_{imt}^{z}\right| - \left|P_{it}^{z}\right|$；第三步，计算方差：$VP_{imt} = Var(\left|P_{imt}^{z}\right| - \left|P_{it}^{z}\right|)$；第四步，将计算得到的方差按省（自治区、直辖市）合并求均值，便可得到省（自治区、直辖市）i的市场分割程度指标；第五步，利用《中国统计年鉴》的商品零售价格指数和固定资产价格指数计算商品市场分割和资本市场分割程度，取算术平均值。

### 4.2.2 市场分割门限效应分析

（1）门限值估计及显著性检验

根据动态面板门限模型的估计方法，首先对相关变量进行前向正交离差变换以消除个体固定效应，然后以$MU_{it-1}$对其工具变量及外生变量进行面板OLS估计，得到拟合值$\widehat{MU_{it-1}}$，并将该拟合值作为$MU_{it-1}$的代理变量，基于面板门限值的估计方法确定市场分割的门限值和置信区间，然后根据门限值划分样本区间，运用两步系统GMM方法估计门限系数，具体见表4-2。

表4-2 市场分割门限估计及显著性检验结果

| 门限变量 | 门限数 | F值 | 10% | 5% | 1% | 门限值 | 95%的置信区间 |
|---|---|---|---|---|---|---|---|
| 市场分割（SEGM） | 单一 | 24.09** | 12.0064 | 14.7958 | 24.2533 | 0.0001523 | [0.0000459, 0.0002908] |
| | 双重 | 11.25 | 12.0984 | 19.09 | 34.8744 | 0.0001756 | [0.0000459, 0.0002908] |

注：表中F值和相关临界值、95%的置信区间均是运用“自举法”反复抽样1 000次得到的结果。*** 和 ** 分别表示在1%和5%水平上显著。

由表4-2可知，与理论分析一致，在生产性服务业进口影响制造业升级的过程中，市场分割存在门限效应，且存在一个门限值，进一步通过图4-1不难发现，单一门限值显著存在，即市场分割程度高低会影响生产性服务业进口对制造业升级作用程度大小。

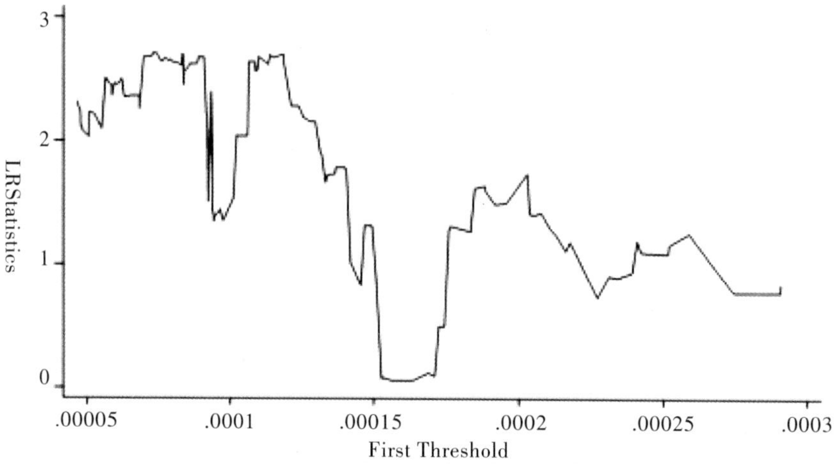


**图4-1 市场分割为门限变量的门限值与置信区间**

（2）动态面板门限估计结果

表4-3给出了以市场分割为门限变量的模型估计结果。由结果可知，制造业结构升级存在显著的时滞效应，说明制造业升级是长期和连续的过程，需要持续调整和投入。市场分割程度较低时，对生产性服务业进口促进制造业结构升级的抑制作用有限，当市场分割程度较高、超过临界值时无法有效利用进口生产性服务要素促进制造业结构的转型升级。对地方政府而言，“以邻为壑”的市场分割政策或许是一个短期占优策略，但长期而言，会限制本地区制造业利用开放性资源和服务实现转型升级。上述结果说明，积极促进商品和要素在国内区域间自由流动，有利于创造良好的制度环境和打造统一大市场，发挥中国超大规模性优势，促进制造业转型升级。

表4-3　　**动态面板门限模型估计结果（市场分割为门限变量）**

| 变量名称 | | 系数 | 95%的置信区间 |
|---|---|---|---|
| $MU_{it-1}$ | | $0.4918^{***}$<br>（0.021624） | [0.4210，0.5627] |
| INOV | | $0.0021^{***}$<br>（0.0004） | [0.0012，0.0030] |
| PGDP | | $1.4258^{***}$<br>（0.5199） | [0.4067，2.4450] |
| FIN | | $0.0392^{***}$<br>（0.0039） | [0.0314，0.0469] |
| URB | | $-0.5729^{***}$<br>（0.2131） | [-0.9907，-0.1551] |
| FDI | $SEGM_{it}<\gamma_1$ | $0.0979^{***}$<br>（0.0155） | [0.0675，0.1283] |
| | $SEGM_{it}\geqslant\gamma_1$ | $-0.0569^{*}$<br>（0.0293） | [-0.1144，0.0006] |
| 地区效应 | 是 | | |
| 时间效应 | 是 | | |
| Sargan检验 | | 11.8738<br>[0.9963] | |
| AR（1） | | -2.5397<br>[0.0111] | |
| AR（2） | | -1.8810<br>[0.1600] | |

注：括号内的数值为标准误差；**和*分别表示在5%和10%水平上显著。

在控制变量方面，与预期一致，各省创新水平、经济发展水平与金融发展水平的提升能够显著促进本省制造业结构高端化发展。但样本时期内，城镇化水平对制造业高端化影响却显著为负，这一结果在很大程度上反映了发展中国家与新兴工业化国家传统城市化进程的特点，即在经济的起步和初始发展阶段，样本国家中的大多数城市化进程极可能表现为一种“半城市化”的特征：农村人口向城市流入的过程中，仅单纯地为城市经济增加了廉价劳动力供给，新增城市劳动力人口并未真正融入城市经济生活，也没有造成城市需求结构和要素技术结构的升级。要改变这一状况，需要大力推动新型城镇化建设。Sargan检验结果说明模型工具变量设定合理，AR（2）检验表明不存在二阶序列相关，该动态面板门限模型通过检验。

（3）门限值与真实值比较

图4-2进一步比较样本省份在2006年和2018年的市场分割情况，并与门限值进行对比。2006年除了北京、河北、黑龙江、山东、河南这5个省份市场分割程度低于门限值外，其余省份市场分割程度均显著高于门限值，然而近年来随着中国改革开放的不断深入，各省份市场分割程度明显下降，至2018年，只有青海省和辽宁省的市场分割程度高于门限值，其他样本省份的市场分割程度均降至门限值以下。进一步结合统计数据看，辽宁省在2011—2017年市场分割程度均小于门限值，但是在2018年市场分割程度高于门限值；青海省在2013年以前市场分割程度均高于门限值，在2014—2017年市场分割程度低于门限值，但是2018年出现反弹，高于门限值。这在一定程度上说明，为持续推进制造业转型升级，发挥生产性服务业进口的作用，中国各省份的市场化改革需要持续推进，特别在当前新发展格局中，更应积极畅通国内大循环，从而主动加速国际大循环，促进制造业转型升级和中国经济的高质量发展。

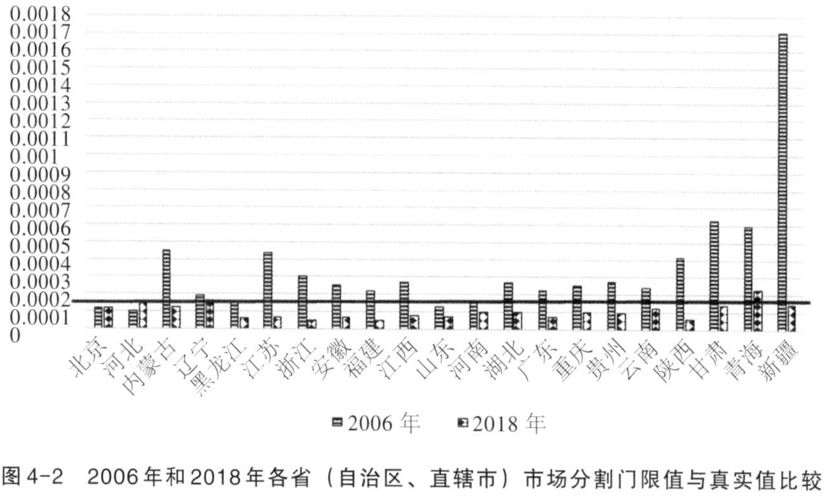


图4-2 2006年和2018年各省（自治区、直辖市）市场分割门限值与真实值比较

## 4.3 生产性服务业进口、互联网发展与制造业升级：理论分析

进入21世纪以来，信息技术不断渗透到产业变革的各个角落，驱动了新一轮的科技革命，以互联网技术为代表的新一代信息技术被视为世界经济的第五次康德拉季耶夫周期的标志（Yushkova，2014）。互联网和信息技术从根本上改变了传统服务业低效率和不可贸易的性质，使服务贸易的作用大大加强（江小涓和罗立彬，2019）。同时，“互联网+”战略作为供给侧结构性改革的重要举措之一，有利于促进制造业的转型升级，同时也顺应党的十九大报告提出的构建网络强国和制造业强国，进而加快建设现代化经济体系的要求（黄群慧等，2019）。然而，现有关于生产性服务业进口对制造业升级影响分析，尚缺乏从互联网发展视角进行考察的研究，本章将从这一角度对相关研究进行拓展和丰富。

第一，通过云计算、大数据和物联网等新互联网技术，生产性服务业的可贸易性提高，贸易双方的搜寻成本和交流成本极大降低，从而有效促进生产性服务要素在世界范围内的优化配置。对进口企业而言，互联网技术的发展与完善有效拓宽了企业信息搜集渠道，信息获取的便利性得以提升，能够有效跨境获得生产所需的服务支持，使高效率的生产性服务业资源流向高效率的制造业行业，通过资源的优化配置促进制造业的高质量发展与升级。

第二，互联网的发展提高了信息透明度，从而有效打破部分生产性服务行业本土垄断优势，提高行业内的竞争性，促使国内生产性服务企业不断更新技术和管理规模，从而为制造业企业的发展提供更好的服务与支持。例如，对金融部门而言，互联网的发展会打破银行、保险等国内金融部门对客户信息的垄断，外资金融机构可以通过互联网等数据智能管理技术为制造业企业提供优质的服务，而国内金融部门为避免在竞争中处于劣势，也会不断改进服务，为制造业企业特别是中小制造业企业提供更好的资金支持。

第三，互联网的深化发展有利于提高生产性服务业贸易的便利化水

平。利用“互联网+”在信息技术方面的高效性、便利性等优势，可以有效提高物流、分销、研发设计等生产性服务业进口的通关效率，改善跨境交付、商业存在和自然人移动等形式的生产性服务业进口的便利化水平。通过云计算和大数据等技术，加强对生产性服务业进口企业的运行监测机制，通过数据交换与信息共享，有利于制造业企业充分利用生产性服务业进口提供的技术和服务，促进制造业企业的发展。

第四，生产性服务业进口对制造业升级的促进作用，可以通过互联网的技术溢出效应得以扩展和深化。Dunnewijk和Hultten（2007）指出，随着使用互联网企业数量的增加，互联网可以促进信息和技术在更广的范围内传播与扩散，即互联网具有明显的技术溢出效应（许家云，2019）。此外，全球范围内互联网的蓬勃发展会促进新的服务模式和新业态的产生，极大地改变了生产性服务业贸易的交易方式和商业模式，通过引进来自国外先进和新型的生产性服务要素，有利于多样化制造业企业生产性服务要素的种类，更好地满足制造业高端化发展的需求，促进制造业转型升级。

对中国国内市场而言，由于不同地区的互联网发展水平存在显著差异，在生产性服务业进口对制造业升级影响过程中，互联网的调节作用可能具有非线性特征，当本地区互联网发展水平较低时，无法充分发挥互联网基础设施对生产性服务业进口与制造业升级的促进作用，只有互联网发展水平达到一定程度，上述积极影响才可能得到有效发挥，在此通过实证分析，对这一假设进行验证。

## 4.4 生产性服务业进口、互联网发展与制造业升级：基于动态门限模型的实证分析

### 4.4.1 模型设定与门限值估计

（1）动态面板门限模型设定

与本章4.2节类似，由于理论上各地区生产性服务业进口对制造业升级的作用会受到本地区互联网发展水平的影响进而产生非线性；同时考虑到制造业升级本身存在滞后效应。同样利用动态面板门限模型进行

本节的实证分析，模型形式与式4.5相似。

$$MU_{it} = \lambda_0 + \delta_1 MU_{it-1} + \lambda_1 PSIM_{it} \times I(m_{it} \leqslant \varphi_1) + \lambda_2 PSIM_{it} \times I(m_{it} > \varphi_1) + \lambda_3 X_{it} + \eta_i + \pi_t + \xi_{it} \quad (4.6)$$

其中，$m_{it}$为互联网发展门限变量，用所在地区的互联网普及率衡量，数据来自CEIC数据库；其他被解释变量与解释变量的选取与式（4.5）相同，在此不再赘述。

（2）互联网发展门限效应分析

根据门限效应的检验过程，首先对相关变量进行前向正交离差变换，其次选用$MU_{it-2}$和$FDI_{it-1}$作为工具变量，然后以$MU_{it-1}$为被解释变量，以两个工具变量及其他外生变量为解释变量进行最小二乘法估计，将估计得到的拟合值作为$MU_{it-1}$的代理变量，判断互联网发展是否为门限变量。按照面板门限值估计方法，确定互联网发展的门限值和置信区间，通过构造F值，利用自举法模拟底层分布，发现在5%水平上拒绝原假设，即存在门限效应，具体结果见表4-4和图4-3。

表4-4　　互联网发展门限估计及显著性检验结果

| 门限变量 | 门限数 | F值 | 10% | 5% | 1% | 门限值 | 95%的置信区间 |
|---|---|---|---|---|---|---|---|
| 互联网发展 | 单一 | 23.0400*** | 15.1580 | 19.1751 | 31.0353 | 55.50% | [0.2420，0.6290] |
| （INT） | 双重 | 11.5700 | 12.9708 | 16.1377 | 24.4119 | 72.20% | [0.6965，0.7240] |

注：表中F值和相关临界值、95%的置信区间均是运用“自举法”反复抽样1 000次得到的结果。***和**分别表示在1%和5%水平上显著。

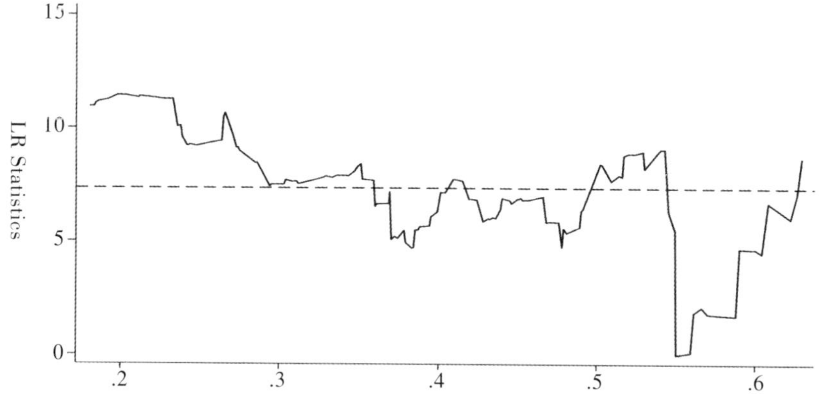


图4-3　互联网发展门限LR图

### 4.4.2 动态面板门限估计结果

（1）模型回归结果

表4-5是以互联网发展为门限值的动态面板门限估计结果。与表4-3的结果一致，制造业结构升级指标在1%水平上存在显著为正的滞后效应，即制造业前一期结构升级有利于下一期制造业结构转型升级，因此，需要持续推进这一目标的实现。在门限值两侧的结果表明，当互联网发展水平较低时，生产性服务业进口对制造业升级的促进作用不明显；当互联网发展水平较高时，可以有效利用互联网环境实现生产性服务业进口服务制造业高端化发展。控制变量的结果与表4-3一致，也间接地证明了本文的回归结果具有稳健性。此外，Sargan检验结果说明模型工具变量设定合理，AR（2）检验表明不存在二阶序列相关。

表4-5　　互联网发展动态面板门限估计回归参数结果

| 变量名称 | | 系数 | 95%的置信区间 |
|---|---|---|---|
| $MU_{it-1}$ | | 0.5156***<br>(0.0576) | [0.4027, 0.6286] |
| INOV | | 0.0010***<br>(0.0002) | [0.0004, 0.0015] |
| PGDP | | 1.2412***<br>(0.3170) | [0.6197, 1.8626] |
| FIN | | 0.0332***<br>(0.0017) | [0.0298, 0.0365] |
| URB | | -0.4129***<br>(0.0925) | [-0.5943, -0.2316] |
| FDI | $INT_{it}<\gamma_1$ | 0.0161<br>(0.0168) | [-0.0168, 0.0490] |
| | $INT_{it}\geq\gamma_1$ | 0.0980***<br>(0.0348) | [0.0298, 0.1662] |
| 地区效应 | 是 | | |
| 时间效应 | 是 | | |
| Sargan检验 | | 15.5883<br>[0.9995] | |
| AR（1） | | -1.3234<br>[0.1857] | |
| AR（2） | | -1.9227<br>[0.1545] | |

注：括号内数值为标准误差；***、**和*分别表示在1%、5%和10%水平上显著。

（2）门限值与真实值比较

图4-4为2006年和2018年各省（自治区、直辖市）互联网发展的实际情况，由图中可知，各省（自治区、直辖市）互联网发展水平近年来明显提高，2018年样本省份中已有北京、浙江、广东、辽宁等9个省份的互联网发展水平高于门限值，这些省份集中在中国东部区域，其他省份的互联网发展水平仍不高。为充分释放生产性服务业进口的作用，特别是推动中西部地区制造业结构升级，未来应进一步推进工业互联网等新型基础设施建设，更好地利用和发挥生产性服务业进口的作用。

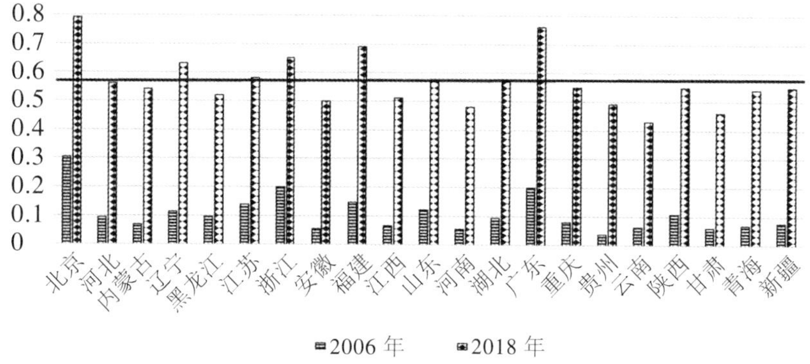


**图4-4　2006年和2008年各省、自治区、直辖市互联网发展真实值与门限值比较**

## 4.5　本章小结

虽然经济理论表明，统一的市场远比分割市场带来的国民福利水平更高，然而出于地区间竞争的原因，中国地方市场分割的现象和地方保护政策仍层出不穷（徐保昌和谢建国，2016）。中国地方经济分割的存在作为中国经济的显著特征，得到了理论界的普遍关注，但当前尚缺乏专门研究探讨其在生产性服务业进口对制造业升级中的作用。本章首先从市场分割角度分析了生产性服务业进口对制造业结构升级的非线性影响。理论而言，较高程度的市场分割对生产性服务业进口的制造业升级效应抑制作用相对明显，较低程度的市场分割抑制作用不明显。动态面板门限模型的回归结果证实了理论假说，即市场分割程度在生产性服务业进口推动制造业升级过程中存在动态门限效应。较低程度的市场分割对生产性服务业进口的作用抑制不明显，而较高程度的市场分割抑制作用较大。

本章进一步从互联网发展的角度探究了生产性服务业进口对制造业结构升级的非线性影响。互联网发展不仅在一定程度上可以抵销由于市场分割产生的负面影响，同时有利于制造业与服务业的有效融合。理论与实证结果表明，由于不同地区的互联网发展水平存在显著差异，在生产性服务业进口对制造业升级影响过程中，互联网的调节作用可能具有非线性特征，当本地区互联网发展水平较低时，无法充分发挥互联网基础设施对生产性服务业进口与制造业升级的促进作用，只有互联网发展水平达到一定程度，上述积极影响才可能得到有效发挥。

从政策角度看，市场分割是制约制造业利用国际要素资源实现升级的重要制度因素，而互联网发展有利于促进国内制造业企业有效配置和利用国际服务要素。因此，积极打破市场进入壁垒，发挥市场在资源配置中的决定性作用，积极促进国内商品和要素资源跨地区流动的畅通性，有助于实现对外开放与经济结构转型的有效联动，对于市场分割程度较高的地区要进行适当的引导与调整；同时，也应进一步推进工业互联网等新型基础设施建设，更好地利用和发挥生产性服务业进口在制造业结构升级中的促进作用。

# 5 生产性服务业进口对制造业转型升级的影响：全球价值链视角的分析

近年来，随着全球价值链的发展，服务业在其中扮演了关键而复杂的角色。不仅是作为价值链的直接贡献者，甚至以间接的方式融入产品制造中去。越来越多的制造业产品已经不能简单地称为“商品”，而应被视为产品和服务交互作用的复杂产物。服务能够提高产品的独特性，因此服务要素在制成品附加值中的高占比可以帮助制造企业获得竞争优势；同时，高价值服务通常包含技术知识，这使得包含高价值的制成品难以被模仿和超越。近年来，制造商在采购、生产、销售等环节越来越多地增加服务要素，这一趋势被称为“制造业服务化”（Kommerskollegium，2012）[①]。

从增加值贸易的角度看，生产性服务业作为投入要素可以参与到整个经济的运行中。研究表明，服务投入对企业的出口能力也具有积极的影响，购买更多的服务与更高的企业出口强度存在关联（Lodefalk，

① 制造业服务化和生产性服务业并不完全等同，但二者共同说明了服务业的作用。制造业服务化指在制造业生产和销售过程中，使用的服务要素逐渐增加，这一现象能够部分反映出服务业从制造业的核心生产功能中分离，如在制造业企业集团内部，一部分企业专门从事服务业生产。

2014）。因此，需要对制造业过程中投入的间接服务予以重视。现有《服务贸易总协定》（GATS）中的服务贸易提供方式并不足以涵盖包括间接服务业贸易行为的增加值贸易[①]，本章进一步从增加值贸易角度衡量和分析生产性服务业进口对制造业发展的影响。一国及其制造业部门在全球价值链中的地位，影响其对价值链的协调和控制力，进而决定其在国际市场获取价值的能力，制造业全球价值链中地位的提升能有效拓展一国制造业转型和升级的方式。戴翔（2016）通过测算发现，中国制造业环节中附加值创造能力弱化，相反，服务投入在其中所发挥的作用越来越重要。本章将重点研究增加值贸易核算口径下生产性服务业进口对制造业全球价值链地位的影响效果与作用机制，并更加细致地探究不同生产性服务业进口部门对制造业全球价值链地位变化的影响。

## 5.1 生产性服务业进口与制造业全球价值链地位：基本现状

### 5.1.1 增加值贸易视角下生产性服务业进口发展现状

表5-1给出根据Wang等（2013）的方法，利用OECD的WIOD数据库提供的国际投入产出表计算的世界主要国家生产性服务业进口增加值贸易占该国全部进口增加值贸易的占比情况。

表5-1　世界主要国家生产性服务增加值贸易进口占比　（单位：%）

| 发达国家 | 2000年 | 2005年 | 2010年 | 2014年 | 发展中国家 | 2000年 | 2005年 | 2010年 | 2014年 |
|---|---|---|---|---|---|---|---|---|---|
| 澳大利亚 | 28.30 | 27.19 | 27.39 | 28.27 | 巴西 | 26.96 | 25.87 | 27.15 | 27.59 |
| 比利时 | 32.65 | 32.51 | 36.66 | 38.46 | 中国 | 27.08 | 26.38 | 26.06 | 27.00 |
| 加拿大 | 24.43 | 25.65 | 26.68 | 26.63 | 克罗地亚 | 32.09 | 31.87 | 31.64 | 32.09 |
| 瑞士 | 35.62 | 36.88 | 36.58 | 38.72 | 印度尼西亚 | 30.19 | 26.45 | 26.31 | 25.09 |

① Cenat和Kutlina-Dimitrova（2014）将该情况称为服务贸易的“第5种”供应模式，并主要指纳入一个国家商品出口的国内中间服务投入。例如，如果单独跨境出售软件，属于“第1种”供应模式，如果将软件安装在ICT设备中进行出口，则该软件的价值在传统核算中计入商品的价值，“第5种”供应模式侧重于对其进行考察。

续表

| 发达国家 | 2000年 | 2005年 | 2010年 | 2014年 | 发展中国家 | 2000年 | 2005年 | 2010年 | 2014年 |
|---|---|---|---|---|---|---|---|---|---|
| 德国 | 31.16 | 30.98 | 32.98 | 34.98 | 印度 | 30.43 | 29.30 | 26.39 | 24.03 |
| 西班牙 | 30.80 | 31.08 | 29.96 | 29.70 | 墨西哥 | 28.18 | 28.19 | 27.12 | 28.30 |
| 法国 | 28.28 | 29.06 | 31.85 | 33.73 | 波兰 | 33.11 | 32.56 | 31.33 | 31.64 |
| 英国 | 30.50 | 31.23 | 29.92 | 31.01 | 俄罗斯 | 29.62 | 27.36 | 26.81 | 27.55 |
| 意大利 | 31.39 | 31.70 | 31.24 | 32.70 | 土耳其 | 40.18 | 28.22 | 27.52 | 26.89 |
| 日本 | 27.40 | 24.66 | 26.04 | 25.60 | | | | | |
| 韩国 | 27.01 | 27.18 | 27.10 | 28.00 | | | | | |
| 荷兰 | 33.98 | 34.98 | 34.10 | 33.73 | | | | | |
| 瑞典 | 33.99 | 34.41 | 37.37 | 38.93 | | | | | |
| 美国 | 25.23 | 24.96 | 26.50 | 27.48 | | | | | |

数据来源：UIBE GVC指标体系数据库，其中，发达国家与发展中国家界定以2010年世界银行公布的标准进行划分。

从表5-1可知，对世界主要国家而言，生产性服务业进口在该国进口中占据重要位置，占比平均超过1/3，说明世界各国对生产性服务业进口具有较大需求，生产性服务业进口是影响一国经济发展的重要因素，且这一作用在发达国家和发展中国家无明显差别。从动态上看，多数国家生产性服务业进口占比从2005年以来有所增加，各国对生产性服务业进口的需求日益提高。同时，相比于在总值贸易核算下，世界主要国家生产性服务业贸易进口占比处于10%～20%之间的结果，即传统总值贸易核算方法下低估了生产性服务业贸易进口占比的情况，增加值贸易进口在一定程度上更真实地反映了一国利用世界其他国家生产性服务要素投入情况。

表5-2进一步给出世界主要国家生产性服务业的增加值贸易进口占比情况。相较于总值贸易核算方法下各部门占比差异在1%~2%之间，增加值贸易下各部门占比差异较为明显，特别是为制造业提供下游服务的部门，如批发零售业和仓储运输业占比明显高于其他行业部门。说明这些来自制造业下游的服务部门在总值生产性服务业进口中被低估的程度

更高。各国邮电通信服务和计算机服务与信息技术的占比在增加值贸易核算中依然较低，在一定程度上与各国对这些领域的开放程度存在关联。

表5-2　**世界主要国家生产性服务业各部门增加值贸易进口占比**　（单位：%）

| | 批发零售 | 仓储运输 | 邮电通信 | 计算机与信息技术 | 金融保险 | 商务服务 |
|---|---|---|---|---|---|---|
| 发达国家 | | | | | | |
| 澳大利亚 | 10.02 | 5.58 | 1.12 | 1.31 | 4.59 | 5.64 |
| 比利时 | 10.98 | 8.59 | 2.13 | 1.94 | 5.62 | 9.21 |
| 加拿大 | 8.87 | 4.35 | 1.20 | 1.56 | 4.33 | 6.31 |
| 瑞士 | 10.51 | 6.21 | 1.69 | 3.93 | 6.51 | 9.87 |
| 德国 | 11.75 | 6.50 | 1.51 | 2.18 | 4.81 | 8.22 |
| 西班牙 | 11.06 | 5.22 | 1.32 | 1.63 | 4.58 | 5.90 |
| 法国 | 10.91 | 6.86 | 1.57 | 2.10 | 4.22 | 8.07 |
| 英国 | 10.20 | 5.86 | 1.71 | 1.60 | 4.99 | 6.65 |
| 意大利 | 11.53 | 6.63 | 1.65 | 1.64 | 4.80 | 6.45 |
| 日本 | 9.67 | 5.35 | 0.89 | 0.87 | 4.50 | 4.33 |
| 韩国 | 9.09 | 5.00 | 1.16 | 1.21 | 4.53 | 7.02 |
| 荷兰 | 11.17 | 5.44 | 1.60 | 2.57 | 4.74 | 8.21 |
| 瑞典 | 10.82 | 9.66 | 1.95 | 2.76 | 4.13 | 9.61 |
| 美国 | 9.74 | 4.67 | 0.95 | 1.45 | 5.19 | 5.48 |
| 发展中国家 | | | | | | |
| 巴西 | 9.50 | 5.02 | 1.00 | 1.66 | 5.33 | 5.08 |
| 中国 | 9.19 | 5.76 | 1.06 | 1.29 | 3.97 | 5.73 |
| 克罗地亚 | 10.96 | 6.55 | 1.35 | 1.62 | 5.27 | 6.36 |
| 印度尼西亚 | 9.38 | 5.21 | 1.02 | 0.81 | 4.52 | 4.16 |
| 印度 | 8.28 | 5.16 | 0.86 | 0.84 | 4.06 | 4.82 |
| 墨西哥 | 8.60 | 4.44 | 1.13 | 0.92 | 5.62 | 7.59 |
| 波兰 | 11.71 | 6.52 | 1.23 | 2.00 | 3.97 | 6.21 |
| 俄罗斯 | 11.85 | 5.81 | 1.14 | 0.81 | 3.63 | 4.31 |
| 土耳其 | 10.73 | 5.65 | 0.93 | 0.86 | 4.28 | 4.44 |

数据来源：UIBE GVC指标体系数据库，其中，发达国家与发展中国家界定以2010年世界银行公布的标准进行划分。

### 5.1.2 世界主要国家制造业全球价值链地位情况

全球价值链的兴起，极大地改变了全球的生产格局和贸易本质，价值链已成为全球生产的主导性特征，当前几乎全球所有国家都通过各自擅长的行业活动参与全球供应链。基于Wang等（2017）方法测算样本国家的制造业在全球价值链中的地位后发现，发达国家各制造业部门的全球价值链前向参与度的平均值高于发展中国家，中国制造业部门的GVC前向参与度在发展中国家也处于相对较低水平。中国制造业全球价值链在国际上具有一定竞争优势，中国在一定程度上具备了“制造强国”的基本特征，但如前文所述，中国制造业当前面临着来自发达国家和其他新兴工业化国家的“压制效应”和“追逐效应”。例如，中国在电子信息产业、装备制造业产业与日本、德国等主要发达工业化国家仍有差距；在食品加工行业、家具制造业等面临来自墨西哥、巴西等国家的竞争；在木制品、橡塑制品业的竞争力弱于波兰。

发达国家更倾向于选择具有高附加值的价值链环节，而发展中国家则主要集中于低附加值的价值链环节，并逐步实现价值链升级。总体而言，中国仍处于制造业全球价值链的中低端位置。

## 5.2 生产性服务业进口对制造业全球价值链地位的影响机理

随着全球价值链的发展和技术进步，服务业和制造业的界限变得日益模糊，衡量生产性服务业的作用变得日益复杂。生产性服务业自身的特点，使得各国生产性服务业间的相互联系除直接贸易外，依附于货物贸易的增加值投入也同样重要。从增加值贸易的角度看，生产性服务业作为投入要素可以参与到整个经济的运行中，同时生产性服务业在协调制造业价值链活动和创造产品价值方面发挥着重要的作用（Francois和Hoekman，2010），包括商务服务、物流服务、信息传输服务、金融服务等在内的生产性服务业是制造业全球价值链运行的基本要素，促进了制造业产品的跨境流动，协调了全球供应链上的生产活动，并参与价值创造活动。

从产业关联角度看，一方面，生产性服务业作为制造业全球价值链中的“连接剂”和“润滑剂”，在全球价值链中发挥着价值创造和增值、统筹生产运营、协调联系以及总部管理的功能（盛斌和陈帅，2016）。运输、物流、邮电通信等服务成本的下降和跨境的提供，使得企业跨地区配置资源和进行生产成为可能，促进全球价值链的发展。另一方面，作为制造业中间环节投入的生产性服务业，制造业价值链的财务、研发、产品设计等上游专业服务以及下游的营销、分销和售后服务等，都需要生产性服务的参与。吕越等（2017）研究指出，位于价值链上游的研发设计服务以及末端的市场营销和售后服务可以通过“技术溢出效应”、“顾客接触效应”和“资源配置效应”促进企业研发创新，实现价值创造和增值。即高质量的生产性服务要素投入可以提高资本和劳动的跨行业与跨境配置效率，进而提高制造业生产效率，增加制造业价值创造。

参与全球价值链的国家，通常需要来自国外的要素投入（Marel，2015），生产性服务要素进口因此成为一国参与全球价值链分工的重要投入。Dollar在《2019年全球价值链发展报告》中指出，进口服务是一国竞争力的重要支撑，即使以汽车、机械和电子等制造业的最终产品闻名的国家，也严重依赖服务业进口。对于国内生产性服务要素数量和质量无法满足本国参与制造业全球价值链分工的国家而言，生产性服务业进口往往是一国制造业价值链地位提升和价值实现的重要源泉。

理论而言，生产性服务业进口可以推动进口国制造业价值链地位的提升。对于将生产性服务进口要素作为中间投入的下游企业而言，来自国外的服务通常内含大量技术、知识和信息，在提供服务的过程中，可以通过技术溢出效应，提高进口国企业人员的知识水平和技术水平，进口生产性服务要素可以增加进口国生产性服务业种类，特别是增加高端生产性服务业，通过中间品种类效应和竞争效应，可以改善本地生产性服务业部门如电信、运输、金融等的服务质量和效率，降低制造业企业的交易成本和生产成本，从而提高其全球价值链的参与度，实现价值链升级。价值链的每个环节都充分考虑不同国家和地区的资源、人力资本的充裕程度和要素价格差异，在全球价值链分工中，垂直专业化要求要素在国家间的可流动性增强，使企业能够不断从国外获得优质的资源和高质量的中间品投入，以维持和提高自身的竞争力，生产性服务业进口的增加有助于缩短一国制造业与上游和下游环节的距离，提高本国在全球价值链中的地位。

在此，结合 Marrewijk 等（1997）的研究，改进王菁和齐俊妍（2015）构建的基础模型，对上述过程和结论做进一步的数理化说明。

假设世界上有两个国家参与制造业全球化分工，一个为发达国家N，另一个为发展中国家S，全球只生产一种最终商品Y；国际分工在产品价值链不同的环节进行，产品价值链各生产阶段用z来表示，$z \in [0, 1]$，其中，0表示研发阶段，1表示品牌营销阶段，中间阶段为加工组装。

每个阶段的生产函数设定如下：

$$x(z) = K^{\alpha} L^{\beta} H^{\gamma} \tag{5.1}$$

其中，K为资本，L为一国非技术型劳动力，H为一国的人力资本和高新技术积累情况，假设生产函数规模报酬不变，即$\alpha + \beta + \gamma = 1$。

在此将人力资本定义为从事知识、信息技术等高度相关的生产活动的劳动者，人力资本与高新技术使用来自生产性服务业的产出。H为一国生产性服务活动的集合：

$$H = \left[\sum_{1}^{N} S(j)^{\theta}\right]^{\frac{1}{\theta}},\ 0 < \theta < 1 \tag{5.2}$$

其中，$S(j)$代表一国生产性服务业，具有不完全替代性，N为该国生产性服务要素种类，开放条件下$N = N_D + N_M$，由本国自身生产性服务要素和来自国外的生产性服务要素共同构成。

设$a_L(z)$为该区段生产单位产品所需的非技术劳动力，$a_H(z)$为该区段生产单位产品所需要的技术和人力资本投入，区段资本投入量为$K(z)$，每单位非技术劳动力的报酬为$w_i$，每单位技术型劳动力的报酬为$q_i$，每单位资本投入的报酬是$r_i$。最终产品Y被生产出来的数量取决于上述生产区段和要素投入，表示为：

$$\ln Y = \int_0^1 a(z)\ln(x)dz \tag{5.3}$$

其中，$a(z)$为在z区段的产出占整个产出比值，且$\int_0^1 a(z)dz = 1$。

假设不同的国家存在要素禀赋差异，N为发达国家，其资本和技术型劳动力较充裕，S为发展中国家，资本和技术型劳动力相对稀缺，因此发达国家的资本回报率小于发展中国家，即$r_n < r_s$；发达国家的技术型劳动力与非技术型劳动力的工资比小于发展中国家，即$\frac{q_N}{w_N} < \frac{q_S}{w_S}$，同时随着非技术型劳动力相对工资下降，非技术型劳动力供给会减少。

进一步设定成本函数如下，根据前述假设，国家i在生产某一区段的单位产品所需要的最小成本为：

$$c(w_i,q_i,r_i,z) = \alpha^{-\alpha}\beta^{-\beta}\gamma^{-\gamma}[w_i a_L(z)]^{\alpha}[q_i a_H(z)]^{\beta} r_i^{\gamma} \tag{5.4}$$

$c(w_i, q_i, r_i, z)$为z的连续函数，设$z_0$为价值链中附加值最低的环节，成本也最低。

当$0 \leqslant z \leqslant z_0$时，有$\frac{\partial c}{\partial z} \leqslant 0$，即在这一生产区段，随着z的增加，生产环节由研发、设计等高附加值环节逐步向加工、组装等低附加值环节移动，对非技术型劳动力的需求增加，即$\frac{\partial a_L(z)}{\partial z} > 0$，$\frac{\partial a_H(z)}{\partial z} < 0$；

当$z_0 \leqslant z \leqslant 1$时，则有$\frac{\partial c}{\partial z} \geqslant 0$，在这一生产区段，随着z的增加，生产环节由加工组装等低附加值环节向营销、品牌等高附加值环节移动，在这一过程中对技术型劳动和资本的需求逐渐增加，对非技术型劳动的需求减少，即$\frac{\partial a_L(z)}{\partial z} < 0$，$\frac{\partial a_H(z)}{\partial z} > 0$。

综上，在制造业产品价值链中，从研发设计到加工组装为成本与附加值递减阶段，从加工组装到品牌营销等环节为成本与附加值递增阶段。价值链的成本函数可表示为：

$$V_i = \int_0^1 \alpha^{-\alpha}\beta^{-\beta}\gamma^{-\gamma}[w_i a_L(z)]^{\alpha}[q_i a_H(z)]^{\beta} r_i^{\gamma} dz \tag{5.5}$$

基于要素禀赋情况，发达国家在制造业价值链的高附加值生产环节具有比较优势，发展中国家在制造业价值链的低附加值环节具有比较优势，各国根据自身的比较优势参与制造业全球价值链分工，发达国家的生产环节为$z \leqslant z_1$，$z \geqslant z_2$，发展中国家在$z_1 \leqslant z \leqslant z_2$区间分工生产。对发展中国家而言，其制造业价值链地位提升，意味着其生产区段逐步向两端移动。

由式（5.2）可得：

$$dH = [\sum_{j=1}^{N+m}[S(j)^{\theta}]^{\frac{1}{\theta}} - [\sum_{j=1}^{N}[S(j)]^{\theta}]^{\frac{1}{\theta}} > \frac{1}{\theta}[\sum_{j=1}^{N}[S(j)]^{\theta}]^{\frac{1-\theta}{\theta}}[\sum_{j=N+1}^{N+m}[S(j)]^{\theta}] > 0 \quad (5.6)$$

开放条件下，生产性服务业进口会使进口国生产性服务要素种类增加，带来人力资本和高技术要素投入的增加。

由式（5.1）可得：

$$\frac{r_iK_i}{w_iL_i} = \frac{\gamma}{\alpha},\ \frac{r_iK_i}{q_iL_i} = \frac{\gamma}{\beta} \quad (5.7)$$

若F为最终产品Y的总成本，则中间投入品的产量为：

$$x_i(z) = \frac{a(z)F}{c_i(z)} \quad (5.8)$$

由式（5.7）和式（5.8）可得：

$$L_i = \int_{z_1}^{z_2}\frac{\alpha a_L(z)F}{w_ia_L(z)}dz;\ H_i = \int_{z_1}^{z_2}\frac{\beta a_H(z)F}{q_ia_H(z)}dz;\ F_i = \int_{z_1}^{z_2}\frac{\gamma a\ (z)F}{r_i}dz \quad (5.9)$$

在给定一国要素禀赋的情况下，竞争性市场会在$x_i(z)$约束下，最大化每个国家的生产，即：

$$F_i(L_i,H_i,K_i) - \max_{x_i(z)}\int_0^1 P_i\ (z)x_i(z)dz \quad (5.10)$$

其中，$P_i(z)$为中间投入品价格，由式（5.9）和式（5.10）可推出：

$$dz_1 = \omega_1[\beta(\frac{dH_s}{H_s} - \frac{dH_N}{H_N}) + \gamma(\frac{dH_s}{H_s} - \frac{dH_N}{H_N})]$$

$$dz_2 = \omega_2[\beta(\frac{dH_s}{H_s} - \frac{dH_N}{H_N}) + \gamma(\frac{dH_s}{H_s} - \frac{dH_N}{H_N})]$$

所以，当$\frac{dH_s}{H_s} > \frac{dH_N}{H_N}$时，即发展中国家的H发展更快时，会带来$dz_1$和$dz_2$的增加，即发展中国家的制造业价值链地位会提升。

综上，一国可以通过生产性服务业进口增加生产性服务要素的种类，促进本国制造业在全球价值链地位的提升。

## 5.3 生产性服务业进口对制造业全球价值链地位影响的实证分析

### 5.3.1 生产性服务业进口影响制造业全球价值链地位：指标选取与基本模型设定

(1) 制造业全球价值链地位的指标测度

目前，关于一国及其部门在全球价值链中的位置衡量主要有三种常用方法，分别是Koopman等（2010）定义的GVC地位指数、Fally（2012）提出的上游度指数和Wang等（2017）通过前后向生产长度的比值定义的全球价值链位置指数。整体而言，这三种方法对于一国及其部门在全球价值链中位置的刻画是逐步改进的，测度的难度也随着测度方法的改进逐步提升。三种方法中，Koopman等（2010）的方法虽然提出最早且应用广泛，但可靠性相对较低。该指数主要是一国及其部门的前向和后向参与程度的对比，无法反映一国的特定部门具体在全球价值链中的位置，并不是现实经济直观意义上一国及其部门在全球价值链上的地位（倪红福，2019）。Wang等（2017）构建全球价值链位置指数（GVCP）计算过程如下：

若前向联系和后向联系的全球价值链生产长度表示为：

$$PLv\_GVC = PLvd\_GVC + PLvi\_GVC = \frac{Xv\_GVC}{V\_GVC} \tag{5.11}$$

$$PLy\_GVC = PLyd\_GVC + PLyi\_GVC = \frac{Xy\_GVC}{Y\_GVC} \tag{5.12}$$

其中，PLvd_GVC表示前向联系的全球价值链国内长度；PLvi_GVC表示前向联系的全球价值链国际长度；Xv_GVC表示中间品出口引致的总产出；V_GVC表示所有中间品出口。PLyd_GVC表示后向联系的全球价值链国内长度；PLyi_GVC表示后向联系的全球价值链国际长度；Xy_GVC表示初始投入引致的总产出，Y_GVC表示参与全球价值链生产活动的总产出。

前向联系的全球价值链长度是生产部门离最终需求的距离，后向联系的全球价值链长度是生产部门离所有产品部门的初始投入端的距离。进一步根据制造业全球价值链位置定义：前向联系价值链长度/后向联系价值链长度，使用式（5.11）与式（5.12）可得测算全球价值链位置指数：

$$GVCP_w = \frac{PLv\_GVC}{PLy\_GVC} \tag{5.13}$$

一般而言，与Fally（2012）单一使用上游度的衡量方法相比[①]，Wang等（2017）用前向联系和后向联系相对比的方法是目前被接受的最新的且测算最为复杂的方法。虽然仍有部分学者质疑这一方法，但相对而言，Wang等（2017）测算的前后向联系的比值可以较好地刻画一国参与全球价值链生产活动情况，$GVCP_w$越大表示制造业全球价值链位置越接近上游，越小则越接近下游。一般认为，一国产业越处于上游环节，技术水平或附加值越高，其产业竞争力越强。

（2）基本模型设定与变量选取

从全球价值链视角考察生产性服务业进口对制造业升级影响的基本计量模型设定如下：

$$\ln gvc_{it} = \alpha_0 + \alpha_1 \ln ser_{it} + \alpha_j \ln X_{it} + \mu_i + \gamma_t + \varepsilon_{it}$$

其中，i为样本国家；t为样本年份；$gvc_{it}$为各国制造业价值链地位；$ser_{it}$为各国生产性服务业进口情况；$X_{it}$为其他控制变量。利用WIOT提供的跨国投入产出表计算各国制造业价值链地位和增加值贸易核算方式下生产性服务业进口占该国总进口比重，样本区间为2000—2014年，样本经济体为42个。

控制变量选取如下：外商直接投资（fdi），外商直接投资能够影响一国制造业价值链地位，但不同类型FDI对制造业价值链地位的影响存在差异（郭娟娟等，2020），因此总体影响具有不确定性，这里选取FDI流入占GDP比值来表示，数据来源于世界银行WDI数据库；政府效率（gov），良好的政府效率有利于降低制造业生产中的不确定性以及交易成本，减少企业之间的信息不对称，提高企业的诚信度，使企业有更

---

① Fally（2012）用递归形式定义了生产阶段数，从生产到最终需求的距离被定义为上游；上游度和下游度表示的位置是相对于不同参考端来定义的，一种是离最终需求的距离（前向联系），一种是离所有产品部门的初始投入端的距离（后向联系），因此，单独选择上游度或下游度来衡量一国及其部门在全球价值链中的地位，会出现结果不一致的情况。

多的精力和时间进行产品开发，提升制造业产品的技术水平。本文选取世界治理指标数据库的政府效率指数作为衡量制度条件的指标，预期符号为正；产业结构高级化（industry），产业结构高级化发展能够增强制造业附加值获取能力，影响制造业嵌入环节，提升制造业价值链地位，以产业结构高级化水平表示产业结构升级，计算方法为第三产业与第二产业的产出比率，预期符号为正，具体情况参见表5-3。

表5-3 **变量定义及数据来源**

| 变量定义 | | 数据来源 |
|---|---|---|
| 制造业全球价值链地位 | 制造业全球价值链地位指数 | WIOD数据库<br>UIBE数据库 |
| 生产性服务业进口 | 生产性服务业进口占总进口比值 | WIOD数据库<br>UIBE数据库 |
| 外商直接投资 | FDI流入占GDP比值 | 联合国贸易发展会议数据库 |
| 政府效率 | 政府效率指数 | 世界治理指标数据库 |
| 研发投入 | 研发投入占GDP比值 | 世界发展指标数据库 |
| 产业结构高级化水平 | 第三产业与第二产业的产值之比 | WIOD数据库 |

### 5.3.2 跨国面板数据模型估计结果

（1）基准模型回归结果

表5-4给出双向面板固定效应的回归结果。结果表明，在样本时期内，生产性服务业进口可以显著提升制造业全球价值链地位，与理论预期一致，一国可以通过产业关联、技术溢出等方式使生产性服务业进口有效嵌入本国制造业生产过程，推动进口国在全球制造业分工中的地位。在控制变量上，一国政府效率有利于创造良好的制度环境和营商环境，促进本国制造业企业生产效率的提高，有助于本国制造业企业在全球价值链分工中占据有利位置；一国研发投入的增加有利于通过促进创新促进制造业附加值提高，使得制造业价值链位置向上游移动。

表5-4 生产性服务业进口对制造业全球价值链地位影响的回归结果

| 解释变量 | 被解释变量：制造业全球价值链地位（lngvc） | | | | |
|---|---|---|---|---|---|
| | （1） | （2） | （3） | （4） | （5） |
| lnser | 0.0942***<br>（2.71） | 0.0916**<br>（2.64） | 0.0942***<br>（2.75） | 0.0941***<br>（2.72） | 0.0749**<br>（2.05） |
| lngov | | -0.0042<br>（-0.43） | 0.0023<br>（0.26） | 0.0030<br>（0.34） | 0.0215**<br>（2.22） |
| lnindustry | | | -0.0353*<br>（-1.82） | -0.0355*<br>（-1.80） | -0.0326*<br>（-1.83） |
| lnfdi | | | | -0.0034<br>（-0.30） | 0.0001<br>（0.01） |
| lnrd | | | | | 0.1236**<br>（2.49） |
| cons | -0.0009<br>（-0.04） | -0.0021<br>（-0.10） | -0.0466**<br>（-2.09） | -0.0466**<br>（-2.09） | 0.2214**<br>（2.24） |
| 个体效应 | 控制 | 控制 | 控制 | 控制 | 控制 |
| 时间效应 | 控制 | 控制 | 控制 | 控制 | 控制 |
| F值 | 3.74*** | 4.37*** | 3.99*** | 3.81*** | 4.44*** |
| 样本量 | 628 | 628 | 628 | 628 | 628 |

注：*、**和***分别表示在10%、5%和1%水平上显著，括号内为t值。

（2）稳健性检验

从以下三个方面进行稳健性检验。

第一，考虑模型的潜在内生性。基础模型可能存在由于双向因果关系和遗漏变量而产生的内生性问题，在此采用内生解释变量的滞后一期作为工具变量对上述计量模型可能产生的内生性问题进行处理。实证结果见表5-5中的第（1）列，在进行内生性处理后，生产性服务业进口的系数仍然显著为正。

第二，替换核心解释变量的测度指标。在此使用总值贸易核算方式下生产性服务业进口占总进口比重来测度一国生产性服务业进口情况，具体结果见表5-5中的第（2）列。由表5-5的结果发现，影响方向依然具有显著为正的稳健性，但在总值口径下对生产性服务业进口价值链地位的影响作用程度低于增加值贸易口径，这在一定程度上说明生产性服务业进口对全球价值链的影响不仅通过传统服务贸易渠道产生作用，也通过隐含在商品贸易中的增加值部分发挥作用。

第三，采取剔除特殊年份的方法进行稳健性检验。随着经济全球化的不断加深，中国制造业全球价值链地位受国际经济环境变动的影响不容忽视，为减弱样本中全球金融危机对实证结果的影响，本文剔除了2009年数据进行上述实证分析，结果见表5-5第（3）列，各变量的回归估计结果并未发生实质性变化，表明模型所得估计结果较为稳健。

表5-5 **稳健性检验**

| 解释变量 | （1） | （2） | （3） |
|---|---|---|---|
| lnser | 0.0719** (1.85) | 0.0181* (1.89) | 0.0767** (2.10) |
| lngov | 0.0163 (1.45) | 0.0206** (2.06) | 0.0258** (2.48) |
| lnindustry | −0.0290* (−1.75) | −0.0315* (−1.77) | −0.0338* (−1.85) |
| lnfdi | 0.0001 (0.01) | 0.0001 (0.01) | 0.0014 (0.11) |
| lnrd | 0.1236** (2.49) | 0.1252** (2.50) | 0.1349*** (2.89) |
| cons | 0.2214** (2.24) | 0.1728* (1.82) | 0.2419** (2.53) |
| 个体效应 | 控制 | 控制 | 控制 |
| 时间效应 | 控制 | 控制 | 控制 |
| F值 | 4.44*** | 4.36*** | 3.66*** |
| 样本量 | 587 | 628 | 586 |

注：*、**和***分别表示在10%、5%和1%水平上显著，括号内为t值。

(3) 异质性分析

①不同技术密集型制造业全球价值链地位的影响

理论而言，不同技术密集型制造业对生产性服务的吸收与匹配程度不同，使得不同技术密集程度制造业利用生产性服务业进口提升其全球价值链地位的能力也存在差异，在此将制造业划分为中低技术密集型制造业和高技术密集型制造业[①]，考察生产性服务业进口对不同技术密集型制造业全球价值链地位的异质性影响，检验结果见表5-6。

表5-6　　不同技术密集型制造业异质性检验结果

| 解释变量 | 中低技术密集型制造业<br>(1) | 高技术密集型制造业<br>(2) |
|---|---|---|
| lnser | 0.0198<br>(0.40) | 0.1174**<br>(2.15) |
| lngov | 0.0301*<br>(1.68) | -0.0012<br>(-0.08) |
| lnindustry | -0.0177<br>(-1.00) | -0.0788***<br>(-3.45) |
| lnfdi | -0.0023<br>(-0.34) | 0.0021<br>(0.14) |
| lnrd | 0.1482**<br>(2.42) | 0.0546<br>(0.87) |
| cons | 0.2364*<br>(1.99) | 0.0707<br>(0.56) |
| 个体效应 | 控制 | 控制 |
| 时间效应 | 控制 | 控制 |
| F值 | 5.53*** | 16.23*** |
| 样本量 | 628 | 628 |

注：*、**和***分别表示在10%、5%和1%水平上显著，括号内为t值。

① 高技术密集型制造业包含6个行业：医药制造业；化学原料及化学制品制造业；通信设备、计算机及其他电子设备制造业；电气机械及器材制造业；机械设备制造业；交通运输设备制造业。中低技术密集型制造业包含11个行业：食品制造、饮料和烟草制品业；纺织、服装和皮草制造业；木材加工及木竹藤、棕草制造业；纸和纸制品业；非金属矿物制品业；家具及其他制造业；印刷业和记录媒介的复制行业；石油加工、炼焦及核燃料加工业；橡胶塑料制造业；基本金属制造业；金属制品业。

表5-6的检验结果显示，对于中低技术密集型制造业而言，生产性服务业进口对其全球价值链分工地位的促进作用不显著，但对高技术密集型制造业全球价值链分工地位呈显著的正向促进作用。生产性服务要素往往具有较高的知识和技术含量，而高技术密集型制造业部门对进口要素的依赖程度高于中低技术行业，因此，增加生产性服务要素的进口，可以有效满足进口国高技术密集型部门的需求，更好地促进进口国高技术密集型部门的发展，进而提高该部门在全球制造业价值链中的地位。

②生产性服务业进口部门的异质性分析

由于不同生产性服务业进口部门所包含的知识、信息、技术等高级要素存在差异，同时所处服务贸易部门的环节也不尽相同，因此对制造业全球价值链地位的作用可能存在差异化影响。在此考察细分生产性服务业部门对制造业全球价值链地位的影响，同时借鉴戴翔（2014）的做法，将生产性服务业部门进一步划分为新型生产性服务业部门与传统生产性服务业部门[①]，检验结果见表5-7。

表5-7 不同生产性服务业进口部门异质性检验结果

| 解释变量 | 新型服务业 | 传统服务业 | 商业服务 | 金融保险 | 信息技术 | 邮电通信 | 运输 | 零售 |
|---|---|---|---|---|---|---|---|---|
| | (1) | (2) | (3) | (4) | (5) | (6) | (7) | (8) |
| lnser | 0.05761** | 0.0398 | 0.0433** | 0.0271* | 0.0271* | 0.0268 | 0.0154 | 0.0249 |
| | (2.47) | (0.85) | (2.66) | (1.78) | (1.87) | (1.54) | (0.69) | (0.42) |
| lngov | 0.0160* | 0.0198* | 0.0123 | 0.0176* | 0.0189** | 0.0196** | 0.0183* | 0.0171* |
| | (1.69) | (1.91) | (1.17) | (1.94) | (2.02) | (2.05) | (1.74) | (1.78) |
| lnindustry | -0.0321* | -0.0322* | -0.0325* | -0.0310 | -0.0314* | -0.0314* | -0.0312* | -0.0323* |
| | (-1.80) | (-1.77) | (-1.83) | (-1.67) | (-1.69) | (-1.74) | (-1.69) | (-1.78) |
| lnfdi | 0.0004 | 0.0006 | 0.0008 | 0.0017 | 0.0011 | 0.0015 | 0.0006 | 0.0006 |
| | (0.03) | (0.05) | (0.07) | (0.14) | (0.10) | (0.01) | (0.05) | (0.05) |

① 新型生产性服务业部门包括商业服务、软件和信息技术服务业，金融业，专有权利使用费和特许费服务以及保险服务业；传统生产性服务业部门包括邮电通信、运输服务，批发零售服务及其他商务服务。

续表

| 解释变量 | 新型服务业 | 传统服务业 | 商业服务 | 金融保险 | 信息技术 | 邮电通信 | 运输 | 零售 |
|---|---|---|---|---|---|---|---|---|
| | (1) | (2) | (3) | (4) | (5) | (6) | (7) | (8) |
| lnrd | 0.1250** (2.38) | 0.1345*** (2.74) | 0.1325** (2.55) | 0.1344*** (2.73) | 0.1304** (2.62) | 0.1428*** (2.92) | 0.1371*** (2.84) | 0.1394*** (2.86) |
| cons | 0.2625** (2.48) | 0.2234** (2.06) | 0.2762*** (2.72) | 0.2444** (2.32) | 0.2710** (2.45) | 0.2825** (2.61) | 0.2066* (1.96) | 0.2241 (1.47) |
| 个体效应 | 控制 | 控制 | 控制 | 控制 | 控制 | 控制 | 控制 | 控制 |
| 时间效应 | 控制 | 控制 | 控制 | 控制 | 控制 | 控制 | 控制 | 控制 |
| F值 | 4.52*** | 4.71*** | 5.13*** | 5.59*** | 4.63*** | 5.36*** | 4.70*** | 5.02*** |
| 样本量 | 628 | 628 | 628 | 628 | 628 | 628 | 628 | 628 |

注：*、**和***分别表示在10%、5%和1%水平上显著，括号内为t值。

从表5-7的检验结果来看，不同生产性服务业部门的进口对制造业全球价值链地位的作用存在差异化的影响。由第（7）和第（8）列结果可知，新型生产性服务业进口对制造业全球价值链地位提升具有显著积极影响，而传统生产性服务业进口部门对制造业全球价值链地位提升影响不显著，原因可能在于新型生产性服务业进口技术含量较高，进口的技术溢出和竞争效应更大，更有利于推动进口国制造业附加值含量的提高，相对而言，传统生产性服务业进口对制造业全球价值链地位的提升作用有限。

进一步细分行业，由表5-7第（1）（2）（3）列检验结果可知，商业服务部门进口估计系数显著为正，通过进口商业服务，在营销渠道、管理方法和盈利模式等方面能为该国制造业带来先进的商业模式（舒杏和王佳，2018），有助于进口国根据国际市场真实需求开发产品，依据市场偏好实现制造业产品升级并提高制造业全球价值链地位。由第（4）列检验结果可以发现，金融保险服务进口能够促进制造业全球价值链地位的提升，一国通过进口金融服务，可以提高本地市场的金融服务竞争性，提高金融配置效率，有效缓解融资约束问题，特别是满足制造业向高端化发展所需的资金，推动制造业全球价值链地位的提升。Liu等（2019）发现，金融和商业服务的发展是制造业比较优势形成的重要来源。同时发现，进口金融服务业可以部分地补充国内金融市场。第（5）列回归结果表明，信息技术服务部门进口同样有助于制造业全球价值链地位的提升。一国通过将国外先进的信息技术与制造技术融合，可以有效控制产、供、销各个环节的经营运作，提升生产效率，促进制造业全球价值链地位提升。第（6）（7）（8）列检验结果表明，邮电通信、运输和零售等传统生产性服务业部门对制造业全球价值链地位的提升作用不显著。

## 5.4 启示与政策建议

服务贸易将是21世纪贸易增长的未来，它不仅通过商业存在（与对外直接投资相结合），打破了跨境贸易的局限，而且在以制造业为核心的全球生产网络中发挥越来越关键性的作用（盛斌，2015）。本章从全球价值链视角考察了生产性服务业进口对制造业转型升级的影响，在分析世界主要国家增加值核算视角下生产性服务业进口与制造业价值链地位情况的基础上，通过理论模型考察了生产性服务业进口对制造业全球价值链地位的影响，理论而言，生产性服务业进口可以作为生产的“黏合剂”以及制造业的中间投入带来高质量的服务要素投入，促进进口国制造业向全球价值链两端攀升，提高进口国制造业全球价值链地位。双向固定效应模型的回归结果与理论预期一致，即总体而言，进口本国所需的生产性服务要素可以有效维护和提高本国制造业在全球价值链中的地位，这一结论具有稳健性。同时，异质性分析的实证结果进一步表明，生产性服务业进口对高技术密集型制造业部门全球价值链地位的提升作用更显著，同时来自商业服务、金融、IT等新型生产性服务业进口对制造业全球价值链地位的影响显著为正，来自传统生产性服务业进口的影响不显著。

本章研究结果表明，在当前中国制造业发展面临内外因素双重压力的情况下，通过生产性服务要素进口将生产环节向上游和下游延伸，有利于提升制造业全球价值链的分工地位，实现向“价值链中高端攀升”的目标。结合本章研究结果，政策建议如下：首先，在全球生产分工时代，市场间具有互补性和联动性，在全球价值链模式的制造业升级中，政府应充分认识中间品服务对本国制造业升级的促进作用，通过贸易与投资自由化、国内政策的规制改革，构建稳定和健全的商业环境，鼓励、支持和引导国外资本、技术以及其他要素流入，并支持本国制造业企业加强自身能力建设，积极参与全球价值链；其次，应积极引导商业服务、金融和IT业的进口进入中国制造业产业链，特别是加强对高技术密集型制造业部门的协同发展与融合，提高国内制造业的附加值含量，以确保中国制造业在全球价值链中获得更有利的地位；此外，生产性服务业进口对制造业全球价值链地位积极影响作用的发挥，在政策上要求生产性服务业贸易的自由化。生产性服务业贸易的管制越严格，与国际市场最终需求的差距就越大，而包括营销、客户服务、零售和交付在内的生产性服务业往往处于供应链的末端，生产性服务业贸易自由化能够促使一国制造业更好地融入全球生产网络中，增强制造业价值链的竞争力。

# 6　生产性服务业开放对中国制造业升级的影响：微观视角的考察

生产性服务业开放既是中国生产性服务业贸易高质量发展的重要前提和条件，也是构建开放型经济新体制的重要组成部分。探究生产性服务业开放和自由化对中国制造业转型的影响，有助于更深入、更全面地理解生产性服务业进口在制造业转型升级中的作用。

虽然现在已经很难观察到一国公开的政府垄断行为和完全的服务业市场封闭情况，但多数国家仍然通过“第二代”约束，在服务业的市场进入、所有权和企业运营等方面通过政策手段施加影响（Borchert等，2012）。根据世界银行服务贸易限制指数数据库（STRD）提供的数据，在103个国家[①]中，中国STRD综合指数排名第77位，从全球范围内看，中国的生产性服务业开放程度较低。具体而言，电信服务、交通运输服务等生产性服务业部门的贸易壁垒较高，在供应模式中，中国对商业存在和自然人流动的限制相对严格。

通过扩大生产性服务业贸易对外开放，科学合理地使生产性服务要

---

①　该数据库包括79个发展中国家和24个发达国家，最新数据更新到2016年，数据库网址为http：//data.worldbank.org/data-catalog/services-trade-restrictions。

素配置到制造业生产过程中，对于提升制造业生产率和促进资源在制造业间的动态有效配置，即实现制造业的转型升级具有重要意义。本章从微观企业视角考察，生产性服务业开放对中国制造业企业转型升级的影响，特别是有效识别其影响渠道，并给出合理的政策建议。

## 6.1 中国生产性服务业开放的测度与发展现状

### 6.1.1 服务贸易壁垒的测度

服务贸易壁垒是指一国政府对外国服务生产者或提供者的服务在提供或销售过程中所设置的具有阻碍作用的措施，凡是直接或间接地使外国服务生产者或提供者增加生产成本或销售成本的措施，都可能被认为是服务贸易壁垒[①]。

由于服务贸易的无形性、异质性甚至不需要提供者或消费者跨境，长期以来服务贸易壁垒难以像货物贸易一样通过关税或关税当量的方式直观量化。同时，根据《服务贸易总协定》的界定，服务贸易的供给模式具有多样性，因此和货物贸易相比，如何有效测量一国服务贸易开放和自由化程度更复杂。

值得指出和注意的是，并不是所有关于服务贸易的规制都是保护主义，即使其中的一些规制确实减少了服务业进口。很多规制出于合法目的，如保障健康和安全、防止欺诈和其他不当行为。尽管规制比国外实行的标准更高，且进口量比没有规制时低，但如果以非歧视的方式实施，不应该被认为是服务贸易壁垒。

20世纪90年代以来，学术界为科学量化和测度服务贸易壁垒，提出了不同的研究方法[②]，包括频率研究，如Hoekman（1995）；限制度指数研究，如Hardin和Holmes（1997）、Mcguire和Schuele（2000）；价格影响测度研究，如Bosworth等（2000）；数量影响测度研究，如Warren

① 阿迪亚特·马图，罗伯特·斯特恩，贾尼斯·赞尼尼. 国际服务贸易手册. [M]. 陈宪，等译. 上海：格致出版社，上海人民出版社，2012。

② 关于服务贸易壁垒测度的文献综述，可参见《国际服务贸易手册》以及王小梅（2017）等。

（2000）；引力模型估计研究，如Francois（1999）；基于财务数据的测量，如Hoekman（2000）。此外，还有部门模型，如Fink等（2003）；可计算一般均衡模型，如Stern（2002）等。近年来，中国学者也通过不同方式来测度中国服务贸易开放。例如，刘庆林和白洁（2014）使用频度分析法测度中国服务贸易壁垒；黄满盈（2015）采用引力模型法测度中国金融服务贸易壁垒；戴翔（2016）以服务业FDI产业渗透率和服务贸易进口渗透率作为服务贸易自由化的替代变量；孙浦阳等（2018）通过外资参股的政策变化来衡量服务业的开放。随着服务贸易统计体系的不断改进和数据可得性的提高，关于服务贸易壁垒的度量取得了较大进展。但迄今为止，如何科学测度各国的服务贸易自由化和开放程度仍是一个较新的研究领域，现有的研究方法存在测度范围不够全面、衡量方法具有主观性等问题。

本书选择使用OECD公布的服务贸易限制指数（Service Trade Restrictiveness Index，STRI）数据库[①]来测度和衡量中国生产性服务业开放的有关情况。选择这一数据库的原因在于：一方面，服务贸易壁垒通常以制定政府规制的形式针对不同交易模式的服务贸易加以限制，例如，有些规制可能会影响国内外服务企业的进入和运作，从而提高价格或相关的服务成本；另一方面，商业存在是服务贸易的主要形式也是目前占比最高的供应形式，因此在服务业对外开放过程中，会更多涉及投资自由化的内容。当前，国际范围内并没有多边投资框架和规则对国际投资进行多边约束，同时，国际投资的规模和重要程度越来越超过国际商品贸易。

在服务贸易领域，“边境内措施”（behind-the-border measures）比“边境上措施”（on-the-border measures）更重要。相比频度工具，STRI指标能更好地评估单边国家自主披露与服务贸易相关的法律或政策。同时，STRI数据库涵盖丰富的服务贸易政策，形成了统一、规范的政策范例，便于进行不同国家、行业以及政策间的比较。

OECD的STRI数据库旨在提供一国在特定时间的贸易政策立场，覆

① 除OECD的STRI数据库外，澳大利亚生产力委员会、世界银行也先后推出服务贸易限制指数，但其涵盖部门广泛度、限制范围全面程度等不及OECD数据库丰富。

盖所有服务贸易供给模式，STRI数据库将服务贸易壁垒分为五类：外资所有权和其他市场准入限制、人员流动限制、其他歧视性措施和国际标准、竞争和国有化要求、监管透明度和管理要求。指数介于0~1之间，分值越高，代表服务贸易的限制和壁垒越高，0代表服务贸易与投资完全开放，1代表市场对外国服务提供者完全封闭。图6-1给出了该指数四级评估框架的有关情况。

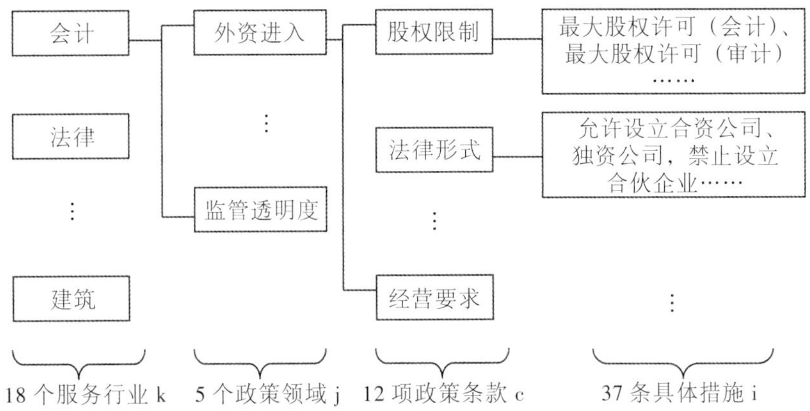


**图6-1　STRI服务贸易限制政策的四级评估框架**

资料来源：OECD的STRI贸易限制政策数据库，转引自齐俊妍和高明（2018）。

### 6.1.2　中国生产性服务业开放：总体比较分析

基于STRI综合指数对生产性服务业部门（OECD16个行业）的分析结果如图6-2所示，2019年样本经济体平均限制性壁垒最高的3个行业为航空运输（0.42）、法律（0.39）、会计（0.33）；限制性壁垒最低的4个行业为批发分销（0.2）、物流货运代理（0.22）、电信（0.23）和公路货运（0.23）。

中国除工程和铁路货运之外的其他生产性服务业部门的限制性壁垒均高于样本经济体平均水平，其中电信、快递这两个行业的限制性壁垒是样本经济体最高的。中国除航空运输和海洋运输之外的其他生产性服务业部门的限制性壁垒均高于美国。与印度相比，中国除物流货运代理、电信、快递以外的其他生产性服务业部门的限制性壁垒均低于印度。

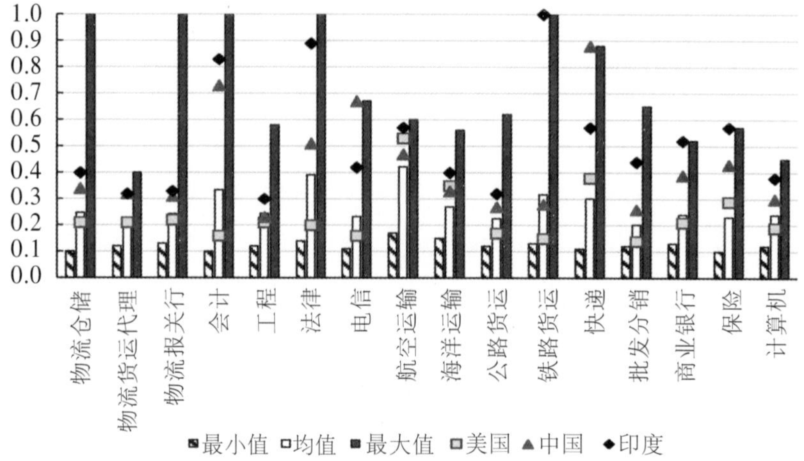


**图6-2 生产性服务业开放程度的国际比较**

我们选取2014年、2017年、2019年观察中国生产性服务业部门所受限制的动态演变。除会计、法律、电信和快递行业的限制性壁垒保持不变以外，其他行业的限制性壁垒都呈现下降的趋势，且下降趋势在2017—2019年这一区间较为明显，因此，中国生产性服务业部门的平均限制性壁垒是下降的。其中，会计、电信、快递是总体限制性壁垒最高的三个行业。

中国生产性服务业部门的分项限制性壁垒及其变化情况如图6-3所示，对于绝大部分行业来说，外国准入限制是最关键的限制性壁垒。对电信行业而言，竞争壁垒是最为关键的限制性壁垒。人员流动限制的影响主要体现在会计、工程、法律；规制透明度的影响主要体现在物流仓储、物流货运代理、物流报关行和快递行业。

从图6-4可以看出，2014—2019年绝大多数行业的限制性壁垒都有所下降。外国准入限制下降的幅度最大；规制透明度的改善影响的行业数量最多；人员流动限制和其他歧视性措施无明显变化；竞争壁垒的下降只体现在工程和铁路货运行业。

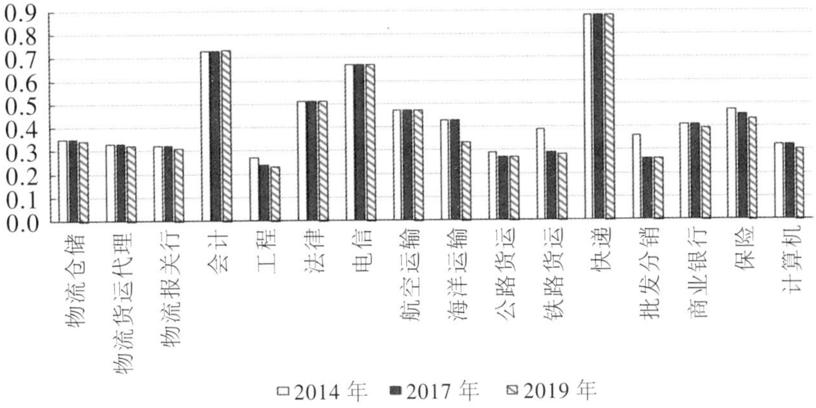


图6-3　2014—2019年中国生产性服务业总体限制性壁垒变化情况

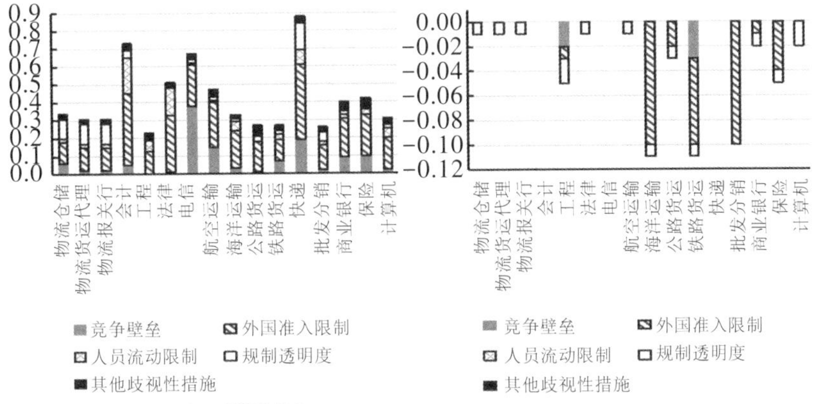


（1）2019年5项指数的值　　（2）2019年相对于2014年的变化

图6-4　中国生产性服务业分项限制性壁垒及变化

## 6.1.3　中国生产性服务业开放：分部门分析

由前述分析可知，不同生产性细分服务行业的贸易壁垒情况存在差异，在此结合STRI细分行业指数，对不同生产服务部门的开放情况进行具体描述与讨论。

在分销服务贸易上，目前影响中国分销服务贸易自由化的主要是外资准入限制，它远高于同行业其他类服务贸易限制措施，因此，从GATS的不同供应模式对比看，供应模式3即商业存在受限制最大，这与批发商和零售商的准入存在限制有直接关联。但纵向来看，2014—

2019年，中国在这一方面限制逐渐放松，限制指数从0.24下降为0.14。具体而言，自2012年以来，中国推动零售业“走出去”与“引进来”相结合，不断提高零售行业利用外资的质量与水平，鼓励和规范外资开拓中小城市零售市场，带动欠发达地区流通业升级改造和健康发展；鼓励外资依托零售业拓展电子商务和现代物流等新型流通业；借鉴发达国家经验，引导建立外资零售企业社会责任机制，倡导企业自发规范经营行为等。这些措施都有效地促进了分销服务贸易的开放，可以预期，随着中国服务业发展水平的提高和对外开放步伐的加快，未来这一趋势将会进一步强化。

在交通运输、物流仓储和邮政服务方面：

第一，在交通运输服务贸易中，由OECD服务贸易管制数据库可知，影响航空运输、海洋运输、铁路运输和公路运输服务贸易对外开放的主要限制措施是外资准入限制。通过对比数据发现，上述行业的外资准入限制指数均高于同行业其他类服务贸易限制措施，同时远高于全球同行业服务贸易限制的平均值。对航空运输服务而言，2014—2019年，中国在供应模式3的限制指数始终保持在0.25这一较高管制水平。尽管2016年根据《外商投资民用航空业规定》，进一步扩大了中国民用航空业的对外开放，促进了民航业的改革和发展，保护了投资者的合法权益，但对外商投资出资比例有所限制。外商投资公共航空运输企业，应当由中方控股，一家外商（包括其关联企业）投资比例不得超过25%。海洋运输服务的商业存在限制指数有所下降，从2014年的0.31下降为2019年的0.21。2014年中华人民共和国交通运输部和商务部决定对《外商投资国际海运业管理规定》做出修改，放宽外资在投资海运服务中的限制。铁路运输作为中国主要的交通运输服务行业，自2016年起，铁路运输的服务贸易限制指数始终为0.12，说明这一领域对外开放步伐较为缓慢，市场相对封闭。公路运输服务的贸易自由化水平也较低，2019年为0.17。

第二，在物流仓储服务中，物流仓储、物流货运代理、物流报关行服务贸易自由化也主要是外资准入限制。2019年上述行业商业存在限制指数分别为0.12、0.13和0.13，其限制程度与竞争性贸易壁垒限制程度相当。从动态变化角度看，2014年以来中国对物流仓储服务贸易限制有所放松，限制指数从0.17下降为0.12，物流货运代理、物流报关行服务限制指数始终为0.13。

第三，在邮政服务中，中国在外资准入上维持较高管制水平。2014—2019年，中国对该行业贸易自由化限制水平始终为0.42，为全球该行业管制水平较高的国家之一。自2019年起，中国将邮政纳入《鼓励外商投资产业目录》，可以预期未来中国邮政服务行业的外资准入限制会下降，对外开放水平会逐步提高。

在信息传输、软件和信息技术服务方面：

第一，对电信服务领域而言，2014—2019年，中国电信服务贸易限制指数介于0.48~0.71之间，平均限制指数为0.61，是样本经济体中最高的国家。从限制措施上看，主要是外资准入限制和包括过度监管在内的竞争性障碍。自进入21世纪以来，中国电信业进入了国际化和多元化发展阶段，但仍存在着国内管制多、国外贸易壁垒纠纷多等情况。国内管制主要体现在：外商投资控股权限不大，市场准入度高等。如国务院出台的《外商投资电信企业管理规定》规定，在基础电信业务企业中外商最高可占股不得超过49%。国内三大运营商一直把外资控股份额控制在10%以下，如在中国持股比例最高的外资企业（欧洲第二大运营商）西班牙电信Telefonica和韩国SK电讯在中国联通战略持股占额分别是9.9%和6.6%，即使是开放度较高的增值业务里外资占股也不超过50%。当前无论是在基础业务还是在增值业务方面仍以三大运营商为主，尚未产生有效的竞争性环境。

第二，对计算机服务领域而言，自2014年起计算机服务贸易限制指数一直保持在0.32，2018年上升为0.34，而2019年又下降至0.3。外资准入是计算机服务贸易限制最高的领域，2019年这一指数为0.18，其次则是自然人流动这一限制措施，指数为0.05。尽管上述限制指数分值远低于最大限制1的水平，但是从OECD的标准看，分值高于0.1的限制程度应引起重视，分值在0.2~0.3之间代表有一定的限制。虽然改革开放以来，中国大量引进国外先进的技术和经验，计算机服务行业逐步得到发展，但由于中国计算机行业发展起步晚，缺乏该行业最需要的风险投资机制，从投资主体、撤出渠道、中介服务机构到监管系统都还没有完整的体系，致使该行业存在一定的外资进入壁垒，然而随着国内云计算产业及5G等新的传输网络技术进入建设高峰期，计算机服务行业必将迎来新的发展高峰期，对人才储备的需求将变得更为迫切，适度地扩大开放将能够更好地满足行业发展的需求。

在金融服务方面：

第一，在商业银行服务中，影响中国商业银行服务贸易自由化的主要是外资准入限制，自2014年起该指数一直为0.23，远高于同行业其他类服务贸易限制措施。但自2018年起，随着中国金融业对外开放步伐加快，这一指数相较于2017年以前有所下降，从0.23下降至目前的0.22。2018年4月的博鳌亚洲论坛上，习近平主席宣布，中国将大幅放宽包括金融业在内的市场准入，将遵循三条原则继续推进金融业对外开放：一是准入前国民待遇和负面清单原则；二是金融业对外开放将与汇率形成机制改革和资本项目可兑换进程相互配合，共同推进；三是在开放同时，重视防范金融风险，使金融监管能力与金融业对外开放度相匹配。同年6月，银保监会宣布拟取消中资银行和金融资产管理公司外资持股比例限制，实施内外资一致的股权比例规则，中外资适用统一的市场准入和行政许可办法。6月1日，A股正式纳入MSCI新兴市场指数。6月12日，人民银行、国家外汇管理局宣布对QFII、RQFII实施新一轮外汇管理改革，取消QFII每月资金汇出不超过上年末境内总资产20%的限制；取消QFII、RQFII本金锁定期要求。8月23日，中国银保监会发布《中国银保监会关于废止和修改部分规章的决定》，正式宣告取消外资对中资银行和金融资产管理公司单一持股不超过20%、合计持股不超过25%的持股比例限制，实施内外资一致的股权投资比例规则。2019年，我国又宣布11项金融业进一步对外开放的政策措施，该11项开放举措涉及银行、保险、券商、信用评级等多个金融领域。从GATS的供应模式看，模式3即商业存在的限制最大，这与商业银行外资准入存在限制有直接关联。纵向来看，2014—2019年，中国在这一方面限制逐渐放松，限制指数从0.164下降为0.142。在企业层面，对于新设商业银行的限制略有放松，对于既有商业银行的贸易限制基本稳定。从

2019年数据看，对商业银行运营的限制要高于新设商业银行。

第二，在保险服务中，随着金融业对外开放的进一步扩大，保险服务行业的贸易限制指数也在逐步下降，由2014年的0.47逐步下降至2019年的0.43，其中，这一期间影响保险服务贸易自由化的限制措施首先是外资准入限制，但也呈现出逐步放宽的趋势，自2014年这一指数为0.27，逐渐调整至0.23；其次则是竞争障碍，2014—2019年间该指数始终保持在0.1。随着2018年起中国金融业对外开放步伐加快，保险服务贸易自由化也加速发展。2018年4月8日，中国银行保险监督管理委员会成立，外资保险机构的监管职能由中国银保监会履行。2018年4月10日，中国国家主席习近平在2018年博鳌亚洲论坛发表主旨演讲，宣布了中国决定在扩大开放方面采取一系列新的重大举措。2018年4月11日，中国人民银行行长易纲宣布了金融服务业进一步开放的具体政策。为落实上述开放政策，中国银保监会于2018年4月27日发布《中国银保监会关于放开外资保险经纪公司经营范围的通知》，放开外资保险经纪公司的经营范围。2018年5月30日，中国银保监会发布《中华人民共和国外资保险公司管理条例实施细则（征求意见稿）》，提出将人身保险公司的外资持股比例上限放宽到51%。2018年6月28日，中国银保监会发布《中国银保监会关于允许境外投资者来华经营保险代理业务的通知》和《中国银保监会关于允许境外投资者来华经营保险公估业务的通知》。实际上，对外资保险机构的监管也随着监管机构的变化发生了一系列变化，保险服务行业自由化在进一步提高。

在会计、工程和法律服务方面：

第一，对会计服务领域而言，在经济全球化的浪潮中，会计服务行业呈现快速发展的趋势。会计服务包括资产评估、代理记账、税务代理、投资咨询、管理咨询等。国际上统一认可的总纲要《服务贸易总协定》影响着会计服务贸易全球化的进程，主要因素包括市场准入和国民待遇。而会计服务贸易的自由化逐步推动了国际准则的诞生，会计国际准则又反作用于会计服务贸易的自由化，而中国会计行业整体水平相对较低，自2014年起会计服务贸易限制指数一直保持在0.73，只在2018年上升至0.74，随即在2019年又降回0.73。会计服务贸易限制比较高，在六大行业中是限制指数最高的领域。由于会计服务是知识密集型产业，其供给的主要方式是模式3和模式4，其2019年的限制指数分别为0.373、0.059，从纵向上看，模式3即商业存在始终是限制指数最大的领域，在2014年至2019年间一直为0.373，因而影响会计服务贸易自由化的主要措施是人员流动限制和外资准入限制。

第二，在工程服务领域，工程服务作为建筑业的支柱，贯穿于工程项目的全部生命周期，其中包括设计前的咨询服务与可行性分析，建造阶段的工程承包、劳务承包、科技咨询服务及运营阶段的物流服务等。工程服务属于外资准入门槛较低、政策限制少的行业，因而贸易限制指数相对较低，限制指数介于0.2~0.35之间，且自2014年至2019年，平均值由0.287逐渐下降至0.257。由于工程服务是知识密集型产业，因此影响工程服务贸易自由化的主要限制措施是外资所有权和市场准入限制，其次是人员流动限制，从GATS的供应模式看主要是模式3和模式4存在较大的限制。建筑业是受监管行业，属于允许类别。工程师参与建筑、道路、桥梁等重要基础设施建设，在产品生产和新技术的使用中发挥重要作用。然而这样复合型的人才却是最为短缺的，从而在一定程度上限制了工程服务贸易自由化的发展。

第三，在法律服务领域，法律服务贸易自由化是不可逆转的渐进趋势，随着国际贸易、投资、金融等经济交往的发展，人员、资本、技术等跨国流动的频繁，产生了对跨国律师服务的需要，直接推动了法律服务贸易的国际化。法律服务贸易限制指数自2014年起一直为0.51，2018年上升为0.52，之后再次调整为0.51。法律服务贸易限制指数较高，在中国现实体制下，市场的需求、政府的倡导和许可甚至政府对待法律服务业的态度，都直接决定着律师进行法律服务的范围。政府对律师的“角色”定位，同律师实际参与国际贸易进行法律服务的范围和程度有直接关系。影响法律服务贸易自由化的主要限制措施是外资所有权和市场准入限制，2019年这一限制指数为0.32，其次是人员流动限制，该指数为0.15。从GATS的供应模式看，模式3即商业存在的限制最大，2019年该指数为0.288，这也与法律服务贸易方面外资所有权和市场准入限制有直接关联，虽然模式3即商业存在限制最大，但随着服务贸易自由化的发展，模式4即自然人存在的限制发生显著上升，该指数由2014年的0.04上升至2019年的0.14，由于法律服务属于知识密集型产业，主要关注从业者的资质，因此法律服务贸易自由化的主要限制措施正逐步转变为人员流动的限制。

## 6.2 生产性服务业开放对制造业升级的影响机制探究

理论而言，在其他条件相同的情况下，两国生产性服务贸易管制程度相差较大，会直接导致两国的生产性服务业生产率存在较大差距（Marel，2012），服务要素上的差距很难通过服务要素的跨境贸易全部消除，所以会导致利用不同生产性服务要素进行投入的制造业在竞争上存在差距，即一国对外国生产性服务要素约束性政策会直接影响相关制造业企业的生产率。当一国生产性服务市场对外开放，生产性服务贸易障碍削弱，会意味着更强的“本地市场效应”（Head和Ries，2011），有利于本国制造业企业的发展。具体而言，生产性服务业开放至少可以从以下两种途径影响制造业企业的升级过程。

第一，交易成本渠道。

一般而言，制造业企业交易成本的下降，有助于提高制造业企业全要素生产率的提高。当前，制造业企业的竞争性和生产率情况越来越取决于其是否能够获得运输、金融、专业服务等生产性服务行业低成本、高质量的服务。例如，对制造业企业而言，运输服务业对商品的运输成本以及劳动力在区域间和国家间的流动均产生重要影响，金融服务业对于企业融资成本和金融资源的分配发挥重要作用；专业性的服务，如财务、法律、工程、咨询等可以降低交易成本。对于生产性服务业开放程度较低的国家而言，生产性服务业自由化能够带来新的外国或国内服务提供者的进入，会打破国内服务市场原有的封闭和垄断状态，从而扩大制造业需求方的选择范围，降低交易成本，实现资源的优化配置。

对进口国而言，生产性服务业开放会带来更大规模的外国成熟的生产性服务供应商的进入，这会提高进口国服务业的质量和可靠程度。例如，来自境外的新股东对基础设施的投资会提高国际电讯服务的可靠性，信贷决策会使银行的竞争性增加，从而能够降低相关制造业企业的运营成本。同时，外国生产性服务业供应商的进入，会提高新的生产性服务的可获得性，降低企业交易成本，提高企业的资源配置效率。例如，新的金融工具和资金管理工具的增加、多式联运服务、电信数字增值服务等，会进一步降低制造业企业的融资成本和信息交流成本，提高企业的生产效率，促进制造业企业的升级。

第二，技术创新渠道。

Fernands和Paunov（2012）研究发现，高质量生产性服务业发展有助于促进制造业的创新，同时为后进的企业提供了追赶行业前沿的可能性，生产性服务业开放将间接促进企业技术创新。现代制造业往往需要使用生产性服务要素投入，因此生产性服务要素的提供方相对于制造业企业往往具有一定的市场势力（Bourles等，2011），制造业企业投资于创新的部分预期收益会被低效率的服务供应商所攫取，生产性服务业开放通过引入更多市场竞争者，有利于打破这种势力，提高制造业企业技术创新的动力。但另一方面，制造业企业的部分创新投入可能是由于相应的服务类中间品缺失造成的，如部分研发、信息化服务的缺失等迫使企业增加相应的投资，生产性服务贸易自由化会增加外国先进的服务供应商向国内输入新产品和国际一流的技术和知识实践，可能在一定程度上降低制造业企业的创新。因此，生产性服务业开放能够影响制造业企业创新，但影响方向具有不确定性。

在产业层面，异质性企业贸易理论研究表明，贸易自由化不仅能够提高制造业企业的生产率，而且能够带来行业生产率的提高。生产性服务业开放通过引进国外高质量的服务要素供给，降低制造业企业的交易成本，激励制造业企业的技术创新，以促进制造业企业生产效率。一方面，将企业制造业生产效率加总可以产生行业集合效应；另一方面，利用国外生产性服务业要素密集度和效率的高低会引发行业内资源重置效应，资源会从低生产率企业流向高生产率企业，从而推动制造业结构的优化，促进制造业的转型升级。

## 6.3 生产性服务业开放对中国制造业企业升级的影响：实证分析

### 6.3.1 基础模型设定与变量说明

（1）基础模型设定

本章首先利用固定效应模式考察生产性服务业开放对制造业企业升级的影响，具体回归模型如下：

$$TFP_{ist} = \alpha_0 + \alpha_1 PSTRI_{st} + \alpha_2 AGE_{it} + \alpha_3 SOE_i + \alpha_4 HHI_{st} + \alpha_5 Tariff_{st} + v_s + \varepsilon_{ist} \quad (6.1)$$

其中，$TFP_{ist}$表示中国制造业s细分行业内的i企业的全要素生产率，为企业制造业升级的代理变量；$PSTRI_{st}$表示生产性服务部门对制造业s行业的贸易限制指数，为生产性服务业开放程度的测度指标，是模型的核心解释变量；$AGE_{it}$表示制造业企业的成立时长；$SOE_i$表示企业所有制性质；$HHI_{st}$表示赫芬达尔指数，即制造业企业所处行业的竞争程度；$Tariff_{st}$表示制造业s行业所生产的最终品的关税；$v_s$和$\varepsilon_{ist}$分别代表行业虚拟变量和误差项。

（2）变量选取与衡量

①制造业企业全要素生产率的测度

本章被解释变量为制造业企业的全要素生产率（TFP）。在全要素生产率的计算上，常见的计算方法有最小二乘法（OLS法）、固定效应法（FE法）、Olley-Pakes法（OP法）、Levinsohn-Petrin法（LP法）以及参数估计法（SFA法），至于采用哪种方法可以更加准确地估计全要素生产率，学术界存在着较大争议（Van Beveren，2012）。通常认为，采用OLS和FE法计算全要素生产率不能够解决内生性问题，而且会损失较多信息。在控制函数法（CF）中，Olley和Pakes（1996）最早提出了OP法，通过两步法解决内生性问题。当实际投资数据出现大量为0的数据时，会影响到OP法中关于投资函数的单调性假设，因此Levinsohn和Petrin（2003）提出LP法采用中间品投入函数替代OP法中的投资政策函数，以克服0值问题。本章参考大多数学者的做法，使用LP法计算制造业企业的全要素生产率并进行回归分析，为确保回归结果稳健性，同时还利用半参数SFA法计算制造业企业TFP。

②生产性服务业开放的衡量

与Beverelli等（2017）研究一致，本书使用服务贸易限制指数来度量生产性服务贸易开放程度，在此将数据库中涉及非生产性服务业部门的情况剔除，保留生产性服务部门，修正后的生产性服务贸易限制指数为：

$$PSTRI_{st} = \sum_{j} STRI_{jt} \times w_{sj}$$

其中，$STRI_{jt}$表示生产性服务业中的j行业第t年的贸易限制指数，$w_{sj}$表示制造业行业s中使用生产性服务业j行业的中间品占总中间品的份额，数据来源于2015年中国投入产出表，该指数越小说明该制造行业的生产性服务开放程度越高。

③控制变量选取

结合已有关于制造业企业全要素生产率和服务贸易开放的研究，选取控制变量包括：

企业年龄，新生企业倾向于有更高的生产率增长率，但随着时间的推移，其生产率将收敛于平均生产率（Huergo和Jaumandreu，2004），在此以企业成立年到样本数据年份的时长计算，预期符号为正。

企业所有制性质，制造业企业所有制性质会影响企业全要素生产率情况，参照刘广威（2019）方法，使用国有资本占总股本的比重来衡量企业性质。

制造业市场竞争程度，通常而言，激烈的市场竞争会促使企业提高生产率来维护自身的市场竞争力（Ospina和Schiffbauer，2010），用制造业企业所处的细分行业的市场份额来测度，预期符号为正。

关于最终品关税，Ariu等（2019）研究发现企业倾向于从相同目的国同时进口商品和服务，对商品进口提高壁垒，也会限制服务的进口，同时，商品贸易壁垒的下降会影响到制造业企业的TFP，为更好地识别生产性服务贸易壁垒对制造业TFP的影响，在此将海关HS6分位产品编码与制造业行业代码进行匹配，计算得到分行业的平均关税水平测度最终品关税。

（3）数据来源与变量描述性统计

本章以中国证监会2012版行业分类中的制造业划分口径识别制造业上市公司有关情况，选取沪深A股制造业上市公司作为研究对象，剔除财务状况异常的企业，诸如研发投入为负、总资产为负、总资产小于固定资产等情况，剔除样本期内经ST、ST*特殊处理或退市的企业，上市制造业企业有关信息取自国泰安数据库（CSMAR）；服务贸易限制指数来自OECD数据库，受该数据库数据更新限制，本章的样本数据区间为2014—2017年；最终品关税税率来自WTO数据库。表6-1为本章数据的描述性统计情况，由该表可知，数据处理后的样本数据合理，不存在异常值。

表6-1 变量描述性统计

| 变量 | 样本 | 平均值 | 标准差 | 最小值 | 最大值 |
|---|---|---|---|---|---|
| 制造业企业TFP | 6 772 | 11.93861 | 0.893781 | 5.541492 | 15.60067 |
| PSTRI | 6 824 | 0.061 | 0.009 | 0.032 | 0.082 |
| AGE | 6 844 | 16.740 | 5.226 | 5 | 50 |
| SOE | 7 206 | 0.025 | 0.094 | 0 | 0.837 |
| HHI | 7 206 | 0.015 | 0.034 | 0 | 0.46 |
| Tariff | 6 844 | 9.440 | 2.480 | 4.538 | 19.031 |

## 6.3.2 基础回归结果

表6-2给出通过固定效应模型得到的生产性服务业开放对中国制造业企业TFP影响的回归结果，其中，第（1）至（3）列为利用SFA方法计算的制造业TFP回归结果，第（4）至（6）列为利用LP方法测度制造业企业TFP后得到的实证结果。由结果可知，总体而言，生产性服务业贸易壁垒对制造业TFP的影响在5%的水平上显著为负，说明与理论预期一致，生产性服务业开放有利于促进制造业企业全要素生产率的提高。

表6-2 生产性服务业开放对中国制造业企业TFP影响的回归结果

| | (1) | (2) | (3) | (4) | (5) | (6) |
|---|---|---|---|---|---|---|
| PSTRI | −0.1441*** (−3.03) | −0.1806*** (−3.07) | −0.1546*** (−3.28) | −0.1479*** (−3.50) | −0.1762*** (−3.35) | −0.1129 (−1.64) |
| AGE | −0.053*** (−3.12) | | −0.060*** (−3.22) | −0.100*** (−7.15) | | −0.154*** (−7.65) |
| HHI | 5.577** (2.15) | 5.587** (2.15) | 5.30** (2.13) | 2.404*** (3.04) | 2.276*** (2.90) | 2.353*** (2.97) |
| Tariff | 0.045 (0.78) | 0.029 (0.643) | | −0.019 (−0.44) | −0.074* (−1.72) | |
| SOE | −0.291* (−1.94) | −0.288* (−1.97) | −0.300** (−2.05) | −0.706*** (−3.36) | 0.696*** (3.25) | −0.706*** (−3.35) |
| 行业固定效应 | YES | YES | YES | YES | YES | YES |
| Observations | 6 700 | 6 700 | 6 700 | 6 155 | 6 155 | 6 155 |
| R-squared | 0.0236 | 0.0255 | 0.024 | 0.0146 | 0.0060 | 0.0060 |

注：*、**、***分别表示10%、5%、1%的水平上显著，括号内为t值。

控制变量的结果显示，年龄较低的制造业企业有更大的激励提高自身生产效率的提高，市场竞争程度高的制造业企业增强自身TFP的动力更大，国有化程度低的制造业企业有更大的激励提高自身的全要素生产率。

### 6.3.3 影响机制检验：中介效应模型

根据Baron和Kenny（1986）提出的中介效应检验方法，设立中介效应计量模型如下：

$$TFP_{ist} = \alpha_0 + \alpha_1 PSTRI_{st} + \alpha_2 Control_{ist} + \varepsilon_{ist} \tag{6.2}$$

$$Medium_{ist} = \beta_0 + \beta_1 PSTRI_{st} + \beta_2 Control_{ist} + \upsilon_{ist} \tag{6.3}$$

$$TFP_{ist} = \gamma_0 + \gamma_1 PSTRI_{st} + \gamma_2 Medium_{ist} + \gamma_3 Control_{ist} + \xi_{ist} \tag{6.4}$$

$Medium_{ist}$为中介变量，$\alpha_1$表示生产性服务业开放对制造业企业TFP影响的总效应，$\gamma_1$表示生产性服务业开放对企业TFP影响的直接效应；$\beta_1 \times \gamma_2$表示生产性服务业开放通过中介变量产生的中介效应。参照温忠麟等（2004）提出的中介效应检验方法，如果系数$\alpha_1$、$\beta_1$和$\gamma_2$显著，而$\gamma_1$不显著，该效应为完全中介效应；如果系数$\alpha_1$、$\beta_1$、$\gamma_1$和$\gamma_2$均显著，或在系数$\alpha_1$和$\gamma_1$显著的情况下，$\beta_1$和$\gamma_2$虽然至少有一个不显著但通过Sobel检验，表示存在部分中介效应；当$\alpha_1$不显著或$\beta_1$和$\gamma_2$至少有一个不显著且没有通过Sobel检验，说明不存在中介效应。结合本章6.2

节的分析，在此以企业交易成本和企业创新为中介变量，识别生产性服务业开放对制造业TFP的影响渠道，其中企业成本用销售成本占产出比例衡量；企业创新情况用企业研发支出占总产出的比例衡量。回归结果见表6-3和表6-4。

表6-3　　　　　**中介效应模型回归结果：企业成本渠道**

| | (1) | (2) | (3) |
|---|---|---|---|
| 被解释变量 | 企业TFP | 企业成本 | 企业TFP |
| 企业成本 | | | $-0.181^{**}$<br>(-2.13) |
| PSTRI | $-0.1441^{***}$<br>(-3.03) | $0.0856^{**}$<br>(2.36) | $-0.1180^{**}$<br>(2.67) |
| AGE | $-0.053^{**}$<br>(-3.12) | 0.031<br>(1.39) | $-0.045^{***}$<br>(-2.83) |
| HHI | $5.577^{**}$<br>(2.15) | $0.036^{*}$<br>(0.10) | $5.598^{**}$<br>(2.18) |
| Tariff | 0.045<br>(0.78) | -0.008<br>(-0.11) | 0.038<br>(0.73) |
| SOE | $-0.291^{*}$<br>(-1.94) | $-0.029^{*}$<br>(-0.17) | $-0.296^{**}$<br>(-2.10) |
| 行业固定效应 | YES | YES | YES |
| Observations | 6 700 | 6 700 | 6 700 |
| R-squared | 0.0236 | 0.0030 | 0.0390 |

注：*、**、***分别表示10%、5%、1%的水平上显著，括号内为t值。

表6-3的结果中，第（1）列结果在1%水平上显著为正，说明样本时期，企业所在的制造业行业面临的生产性服务贸易壁垒越低，越有助于该行业制造业企业TFP的提高。第（2）列结果表明，制造业面临的生产性服务贸易壁垒下降，在5%水平上有助于降低企业的成本。第（3）列中，生产性服务业开放和企业成本的系数均在5%的水平上显著。由于第（1）至（3）列回归系数均显著，且第（3）列生产性服务贸易壁垒系数小于第（1）列相应变量系数，说明生产性服务贸易壁垒降低可以通过降低企业成本这一渠道对制造业企业的TFP增长产生部分中介效应。

表6-4 **中介效应模型回归结果：企业创新渠道**

| | (1) | (2) | (3) |
|---|---|---|---|
| 被解释变量 | 企业TFP | 企业创新 | 企业TFP |
| 企业创新 | | | 0.056**<br>(2.10) |
| PSTRI | -0.1441***<br>(-3.03) | -0.0913*<br>(-2.04) | -0.1044**<br>(-2.42) |
| AGE | -0.053***<br>(-3.12) | 0.124***<br>(6.50) | -0.049**<br>(-2.75) |
| HHI | 5.577**<br>(2.15) | 1.617**<br>(2.21) | 5.546**<br>(2.10) |
| Tariff | 0.045<br>(0.78) | -0.046<br>(-1.21) | 0.022<br>(0.40) |
| SOE | -0.291*<br>(-1.94) | 0.592***<br>(3.73) | -0.353**<br>(-2.56) |
| 行业固定效应 | YES | YES | YES |
| Observations | 6 700 | 6 700 | 6 700 |
| R-squared | 0.0236 | 0.1537 | 0.0276 |

注：*、**、***分别表示10%、5%、1%的水平上显著，括号内为t值。

由表6-4可知，第（1）列结果在1%水平上显著为正，说明样本时期，企业所在的制造业行业面临的生产性服务贸易壁垒越低，越有助于该行业制造业企业TFP的提高。第（2）列结果表明，在样本时期内，制造业面临的生产性服务贸易壁垒越小，即生产性服务业对外开放程度越高，越能够显著促进制造业企业的创新，说明生产性服务业开放对创新的正向激励效应大于理论分析中的负面效应。第（3）列中，生产性服务业开放和技术创新的系数均在5%的水平上显著。由于第（1）至（3）列回归系数均显著，且第（3）列生产性服务贸易壁垒系数小于第（1）列相应变量系数，说明生产性服务贸易壁垒降低可以通过促进技术创新这一渠道对制造业企业的TFP增长产生部分中介效应。

## 6.4 本章结论与政策建议

本章首先利用服务贸易限制指数对中国生产性服务业的开放情况进行考察，分析发现，近年来中国多数生产性服务贸易限制性壁垒呈下降趋势，但横向看，中国除工程和铁路货运之外的其他生产性服务部门的限制性壁垒均高于样本经济体平均水平，其中电信、邮政这两个行业的限制性壁垒是样本经济体最高的；纵向看，中国会计、法律、电信和邮政行业的限制性壁垒基本维持不变。从细分限制性项目看，对于绝大部分生产性服务行业来说，外国准入限制是最关键的限制性壁垒。对电信行业而言，竞争壁垒是最为关键的限制性壁垒。人员流动限制的影响主要体现在会计、工程、法律，规制透明度的影响主要体现在物流仓储、物流货运代理、物流报关行和快递行业。本书进一步从理论上分析了生产性服务业开放对制造业全要素生产率的影响机制，并利用中国上市公司数据实证考察了生产性服务贸易壁垒对制造业TFP的影响，结果发现，生产性服务开放能够通过激励企业创新和降低企业成本渠道来促进制造业企业全要素生产率的提高，对于国有化程度低的企业、市场集中度高的企业和相对年轻的企业而言，其制造业TFP提高的激励更大，因此生产性服务业开放能够更好地促进上述类型制造业企业的发展。

随着全球步入服务经济时代，服务业自由化与对外开放既是经济全球化时代具有挑战性的领域，也是世界各国特别是发展中国家对外开放的重点和难点。在服务贸易领域的国际规则层面，早在1986年“乌拉圭回合”谈判，就开始将服务业与服务贸易列为谈判议题，最初的谈判重点围绕服务贸易的定义和范围展开，以美国为代表的发达国家坚持较为宽泛的定义，并强调商业存在这一供应模式对于服务跨境贸易的重要性。随后的谈判重点向透明度、国民待遇、市场准入、最惠国待遇等方面转移。《服务贸易总协定（GATS）》的签署，标志着各国在服务贸易领域的适用性和基本规范等方面达成共识，也明确了各方的开放举措。2001年11月开始的“多哈回合”谈判，将服务贸易谈判的焦点集中于改进市场准入、国内规章和促进最不发达国家的服务出口等问题，但这一回合的服务贸易谈判进展缓慢，原有的GATS越来越难以满足和适应服务贸易的新形势以及国际经贸发展的新趋势。

在此背景下，2011年12月，美国等经济体组成了所谓的“服务挚友”（Real Good Friends of Services，RGF）集团，发起《服务贸易协定》（TISA）谈判，目前该协定包括24个成员[①]，约占全球服务市场的70%。与GATS相比，TISA具有覆盖服务领域更广泛、自由化水平更高、纪律要求更严格、承诺方式更灵活等特点，涵盖了数字贸易、信息服务产品等新领域，拟采取国民待遇的负面清单形式，对服务开放设置“冻结条款”和“棘轮条款”，要求竞争中立、减少本地化要求等。这一涵盖所有服务领域的综合性协定，被认为是有可能取代GATS而成为全球服务贸易主导的更高标准[②]。

同时，2018年以来，CPTPP、EPA和USMCA等国际关系协定的签署，标志着全球经贸规则正在发生重构。新一轮的规则的构建呈现出全覆盖、宽领域、高标准和强排他性等特点，给中国深化服务业扩大开放带来机遇与挑战（周密和何曼青，2019）。目前而言，生产性服务投入在中国制造业企业总投入所占比例虽然明显低于发达国家，但作为中国制造业生产投入的重要组成部分已是一个不争的事实。可以预见，在中国经济供给侧结构性改革和产业结构调整与转型的背景下，中国制造业投入的服务化趋势还将进一步发展。

结合本章研究可知，为有效满足制造业企业的发展需求，充分发挥生产性服务要素对制造业生产的支持作用，中国需要进一步降低对生产性服务业的限制，特别是促进能有效促进制造业转型升级的现代生产性服务领域的合理开放。由于部分生产性服务业具有自然垄断、信息不对称、外部性等市场失灵存在，合理的管制是维护经济稳定和安全的重要手段，但过度管制会降低竞争性，影响生产性服务业本身效率和相关制造业的生产效率，因此应根据中国经济发展需求，制定合理灵活的生产性服务业开放措施，对于通信、网络等具有战略意义、经常受非经济因

① 包括澳大利亚、加拿大、智利、哥伦比亚、哥斯达黎加、中国香港、冰岛、以色列、日本、列支敦士登、毛里求斯、墨西哥、新西兰、挪威、巴基斯坦、巴拉圭、巴拿马、秘鲁、韩国、瑞士、中国台湾、土耳其、美国以及欧盟27国。

② 由于协定参与方尚未就承诺和开放方式达成一致，这一协定目前未正式生效和发挥作用。

素影响的行业的开放要相对谨慎，对于其他生产性服务领域应进一步放松管制。同时，当前外国服务提供者特别是外资企业主要集中于经济发展水平高和支付能力强的地区，保证普遍服务也是生产性服务业开放必须遵循的原则，政府应通过与外国服务提供者签订“普遍服务协议”或通过税收优惠等方式促进生产性服务业进口在中西部地区的开展。

# 7 研究结论与政策建议

## 7.1 研究结论

服务业几乎在一个经济体的每一项活动中都占有一席之地，特别是包括运输、通信、金融、物流和商业服务等在内的生产性服务业，不仅以流动的方式参与生产，被视为供应链的黏合剂，同时也是制造业产品生产和销售中的重要组成部分。现代的通信和交通技术的发展，大大提高了服务业的可贸易性，也为生产性服务业成为国际产品供应链中的中间投入提供了便利化。生产性服务贸易总体上具有知识密集的特征，例如研究开发、供应链管理、投资和管理咨询、市场和客户服务等部门，都提供高度专业化的知识密集型服务。无论是专业知识还是企业信誉，都需要长期的积累，因此生产性服务领域需要较高的进入门槛，拥有这些优势的企业在国际市场上也具有较高的竞争力。同时，随着全球化竞争的加剧，为提高效率和降低成本，许多企业将部分原先由内部提供的服务转向从外部购买，也在一定程度上促进了生产性服务贸易的发展。

然而，在国际贸易领域，相对于商品贸易的研究，关于生产性服务贸易对一国特别是发展中大国经济发展影响的研究仍处于方兴未艾阶段。

当前，对于发展中大国的中国而言，其经济正处于从工业化中后期向高收入发展阶段迈进的转型时期，依据全球各国的结构转型的特征事实，后发经济体相对先行经济体一般需要更高的产业结构高度才能成功转型（张辉等，2019）。从全球范围看，现有高收入经济体在快速发展过程中，其制造业升级的步伐从未停止过，制造业升级与发展对一国经济发展与国际竞争力具有重要而深刻的影响，这在客观上要求中国制造业不断转型升级。从世界经济发展形势看，全球经济进入深度调整期，经济增长缓慢，同时逆全球化思潮涌起，中国制造业需要承受发达国家“再工业化”和新兴市场国家“加速追赶”的双重压力，即要同时处理压制效应与追逐效应，在此背景下，如何推动中国制造业高质量发展既是一个迫切性问题，更是一个战略性问题（郭克莎，2019）。

生产性服务要素作为中间投入要素参与生产过程是现代制造业的一个重要而典型的特征。Francois和Hoekman（2010）指出，一国制造业的竞争力一定程度上取决于该国制造业的生产者能否获得具有竞争优势的生产性服务要素，可以有效利用生产性服务要素投入，促进制造业高质量发展与转型升级。党的十九届五中全会提出要积极发展“服务型制造”，生产性服务要素的作用进一步凸显和得到重视。然而，当前中国生产性服务业发展存在严重滞后性，无法充分满足制造业转型升级的要求。Liu等（2019）指出，一国可以部分地通过更多的服务要素进口来克服国内服务部门不发达的障碍。裴长洪（2013）也强调，由于体制、机制及工业化思维的长期束缚，中国服务产品供给能力长期严重不足，以进口方式增强其有效供给，将对经济结构优化和经济质量提升产生放大效应。因此，对于现代生产性服务业的进口，特别是来自欧美日韩国家的现代服务业进口，有利于改善中国目前生产性服务业发展落后的现状，为制造业转型升级提供关键性要素补充。在此背景下，本书通过明确中国生产性服务业进口的发展现状，研究生产性服务业进口对制造业转型升级的影响机理，考察生产性服务业进口对中国制造业转型升级的影响效果并提出有针对性的政策建议。

本书得到的研究结论如下：

第一，中国加入WTO以来，在总值贸易核算口径下，生产性服务业进口占总体服务业进口比重经历了先上升后下降的过程，生产性服务业总体处于逆差状态。从进口结构看，生产性服务业进口在全部生产性服务中的比重、占中间投入和总投入的比重虽有所上升，但绝对水平较小。从细分行业进口情况看，中国生产性服务业进口以传统型服务贸易进口，如运输服务等为主，金融和保险服务、信息化服务等现代生产性服务业进口占比和水平相对较低，中国生产性服务业进口结构不尽合理。从供应模式角度看，中国生产性服务业进口以第3种供应模式即跨境资本流动（商业存在）的形式为主，跨境交付模式次之，自然人流动最少。增加值贸易核算中，进一步测度隐含在其他部门进口中而间接进口的附加值后发现，中国生产性服务业进口比重有所上升，传统总值贸易统计方法在一定程度上低估了中国生产性服务业的进口规模。从增加值进口来源结构看，中国生产性服务业进口一半以上来自美国、日本等发达经济体，来自韩国、中国台湾地区等新兴工业经济体占比也相对较大，但稳中有降；主要进口来源地的具体进口部门与这些经济体的生产性服务细分行业的发展程度密切相关。

第二，虽然中国制造业转型升级一直处于渐进式发展中，但迄今为止，产业演进的“拐点”尚未出现，中国制造业的总体态势及在全球产业链中的相对位置尚未发生“颠覆性”质变。在制造业全要素生产率发展上，虽然近年来中国部分制造业行业和部分地区的全要素生产率水平有所提升，但与世界先进制造业国家相比，中国制造业多数细分行业TFP水平均处于劣势地位，在微观企业层面上，制造业企业TFP增速存在明显下降趋势，中国制造业全要素生产率水平有待进一步提升；中国制造业结构高级化程度整体上升缓慢，且存在明显地区差异，中国制造业结构也尚未达到最优状态；中国在全球价值链中总体处于“低端锁定”状态，相对而言，中技术制造业嵌入全球价值链的位置最高，高技术制造业最低。

第三，在空间维度上，生产性服务业进口对制造业升级的影响存在空间溢出效应和空间集聚效应。具体而言，空间杜宾模型的回归结果表明，生产性服务业进口具有正向的空间溢出效应，即能够有效促进地理空间临近区域的制造业升级，但对经济发展水平差异较小的省份的溢出效应不明显；同时，生产性服务业FDI的空间集聚同样有助于中国制造业结构的转型与升级，有利于制造业的高端化发展。从细分区域角度看，生产性服务业进口对东部地区制造业结构由中端向高端制造业升级具有显著的影响，对中西部地区影响较小；生产性服务业进口对于制造业结构由低端向中端制造业方向调整无显著影响。

第四，在时间维度上，本书从市场分割和互联网发展双重视角考察了生产性服务业进口对制造业升级影响的非线性关系。理论而言，较高强度的市场分割对生产性服务业进口的制造业升级效应抑制作用相对明显，而高水平的互联网发展则有利于加速生产性服务业进口对制造业升级的促进作用；实证研究证实了理论假说，即市场分割程度与互联网发展水平在生产性服务业进口推动制造业升级过程中存在动态门限效应，较低的市场分割程度对生产性服务业进口的作用抑制不明显，而较高的市场分割程度抑制作用较大。同时高水平的互联网发展有助于促进生产性服务业进口对制造业结构的优化作用；较低程度的互联网无法为生产性服务业进口对制造业的促进作用提供有效支持。

第五，从全球价值链角度看，理论而言，生产性服务业进口可以作为生产的黏合剂以及制造业的中间投入带来高质量的服务要素投入，促进进口国制造业向全球价值链两端攀升，提高进口国制造业价值链地位。双向固定效应模型的回归结果与理论预期一致，即总体而言，进口本国所需的生产性服务要素可以有效维护和提高本国制造业在全球价值链中的地位，这一结论具有稳健性。同时，异质性分析的实证结果进一步表明，生产性服务业进口对高技术密集型制造业部门价值链地位的提升作用更显著，同时来自商业服务、金融、IT等新型生产性服务业进口对制造业全球价值链地位的影响显著为正，来自传统生产性服务业进口的影响不显著。

第六，在制造业企业层面，利用修正的生产性服务贸易限制指数和中国制造业上市公司数据，通过固定效应模型和中介效应模型回归发现，中国生产性服务业领域贸易壁垒的降低有利于制造业企业TFP水平的提高，这种影响主要通过生产性服务业开放能够激励制造业企业创新和降低制造业企业成本渠道实现。同时，对于国有化程度低的企业、市场集中度高的企业和相对年轻的企业而言，其制造业TFP提高的激励更大，生产性服务业开放在一定程度上能够更好地促进上述类型制造业企业的发展。

## 7.2 政策建议

2021年是中国“十四五”阶段的开局之年，中国将开启全面建设社会主义现代化国家新征程，这要求中国继续深化自己的工业化进程，从基本实现工业化走向全面工业化。进一步推动中国制造业转型升级，实现制造业高质量发展是“十四五”时期中国深化工业化进程的关键（黄群慧，2020）。长期以来，推动制造业的转型升级一直是我国产业政策的激励导向和发展战略的目标方向，制造业不仅是技术创新的主要来源，还是技术创新的使用者和传播者。结合本书的研究，提出如下政策建议：

首先，2015年《国务院关于加快发展服务贸易的若干意见》中指出，大力发展服务贸易是扩大开放、拓展发展空间的重要着力点，有利于调整经济结构、提高发展质量效率、培育新的增长点。针对当前中国生产性服务业进口占全部中间投入和总投入的比重较低的情况，应进一步扩大中国生产性服务业直接进口规模；同时，应特别注意生产性服务业进口结构的优化。当前，中国生产性服务进口贸易结构中，运输服务业等传统生产性服务业占比较高，而金融服务、信息化服务等现代生产性服务业进口占比较低。由本书研究可知，现代生产性服务业进口对制造业转型升级有积极影响，传统生产性服务业进口的影响不显著，同时，高技术密集型制造业部门对进口要素的依赖度高于中低技术密集型部门，当一国进口服务要素的投入结构以高技术密集度的服务要素为主时，对高技术密集型制造业部门发展有积极影响。因此应根据制造业转型升级的需要，注重增加从外部获取更优质的现代生产性服务业，逐步减少传统型生产性服务业进口，从而优化生产性服务业进口的投入结构和行业结构，合理配置进口生产性服务要素，充分发挥生产性服务要素进口对制造业转型升级的积极作用，有效引导制造业向价值链中高端提升。

其次，服务贸易中的供应模式3即商业存在，不仅是全球范围内占主导位置的服务贸易供应模式，也是中国生产性服务业直接进口的主要供应模式。基于生产性服务业FDI流入对东部地区制造业高端化具有积极影响以及生产性服务业FDI流入具有显著的空间溢出效应的研究结果，中国各地区应积极鼓励生产性服务业FDI的流入，促进生产性服务业进口对制造业结构升级影响潜力的释放，与东部区域地理临近的中西部区域，应积极利用生产性服务业FDI的正向空间溢出效应，有效促进本地区制造业向高端化方向发展，同时，各地区在积极引导生产性服务业FDI流入、提升引资质量的同时，可积极通过建立相关产业园区等方式促进生产性服务业FDI的空间集聚，推动生产性服务业产业集群的发展，以更好利用和发挥生产性服务业FDI在促进中国制造业升级中的空间效应。此外，生产性服务业FDI流入对中国制造业升级的非线性影响情况也不能忽视，应积极提供高质量的制度环境，逐步降低各地区的市场分割情况，发挥市场在资源配置中的决定性作用，积极促进国内商品和要素资源跨地区流动的畅通性，同时充分建设和推动本地区互联网发展，利用“互联网+”在信息技术方面的高效性、便利性等优势，更好地发挥生产性服务业进口在全国范围内对制造业发展的积极影响。

再次，在全球生产分工时代，市场间具有互补性和联动性，在全球价值链模式的制造业升级中，政府应充分认识中间品服务对本国制造业升级的促进作用，通过贸易与投资自由化、国内政策的规制改革，构建稳定和健全的商业环境，鼓励、支持和引导国外资本、技术以及其他要素流入，并支持本国制造业企业加强自身能力建设，积极参与全球价值链；应积极引导商业服务、金融和IT业的进口进入中国制造业产业链，特别是加强对高技术密集型制造业部门的协同发展与融合，提高国内制造业的附加值含量，以确保中国制造业在全球价值链中获得更有利的位置；此外，生产性服务业进口对制造业全球价值链地位积极影响作用的发挥，在政策上要求生产性服务贸易的自由化。生产性服务贸易的管制越严格，与国际市场最终需求的差距就越大，而包括营销、客户服务、零售和交付在内的生产性服务业往往位于供应链的末端，生产性服务贸易自由化能够促使一国制造业更好地融入全球生产网络中，增强制造业价值链的竞争力。

最后，持续对外开放是提升一国核心竞争力的重要支撑，是百年未有之大变局下利用好中国发展重要战略机遇期的内在要求，也是国家走向繁荣的必由之路。虽然近年来，中国生产性服务业壁垒呈现下降趋势，但本书研究表明，当前中国在除工程和铁路货运之外的其他生产性服务部门的限制性壁垒仍较高，特别是在会计、电信和快递行业；除外国准入限制下降幅度明显外，人员流动限制、竞争性壁垒和其他歧视性措施项目的开放程度仍十分有限。中国在生产性服务贸易领域倡导全球化尚有很大空间，“十四五”期间，中国需要在生产性服务贸易领域实施更大范围、更宽领域、更深层次的全面开放，充分、主动、灵活地借鉴利用先发国家的优质服务要素，为国内经济发展提供支持。

值得注意的是，虽然在中国经济当前发展阶段，生产性服务业进口总体上有助于推动制造业转型升级，但长期而言，也应避免对国外生产性服务要素的过度依赖，积极发展本土现代生产性服务业成为社会主义现代化强国制造业可持续发展与升级的必要条件。当前，中国生产性服务业资源呈现一定的粗放型使用特征，以远离“最优环节”的形式支持制造业升级（陈晓华和刘慧，2016），中国在诸多生产性服务部门不但与美欧日等发达国家存在显著差距，甚至也逊色于印度、土耳其、马来西亚等新兴市场国家，如何积极推进生产性服务业高质量发展，促进服务业体制机制改革，是当下以及未来中国经济需要有效解决的另一重要课题。

# 主要参考文献


[1] 卞亚斌，房茂涛，杨鹤松."互联网+"背景下中国制造业转型升级的微观路径——基于微笑曲线的分析［J］.东岳论丛，2019（8）.

[2] 陈启斐，刘志彪.进口服务贸易、技术溢出与全要素生产率——基于47个国家双边服务贸易数据的实证分析［J］.世界经济文汇，2015（5）.

[3] 程大中.中国生产性服务业的水平、结构及影响——基于投入—产出法的国际比较研究［J］.经济研究，2008（1）.

[4] 戴翔，金碚.服务贸易进口技术含量与中国工业经济发展方式转变［J］.管理世界，2013（9）.

[5] 戴翔.中国制造业出口内涵服务价值演进及因素决定［J］.经济研究，2016（9）.

[6] 刁莉，朱琦.生产性服务进口贸易对中国制造业服务化的影响［J］.中国软科学，2018（8）.

[7] 冯宗宪，鲁慧鑫，郭根龙.服务贸易政策和制造业生产率：政府治理的作用［J］.当代财经，2018（7）.

[8] 傅缨捷，丁一兵.中间品进口与经济结构转型［J］.世界经济研究，2014（4）.

[9] 傅元海，叶祥松，王展祥.制造业结构优化的技术进步路径选择——基于动态面板的经验分析［J］.中国工业经济，2014（9）.

[10] 郭娟娟，冼国明，房帅.外资自由化、制度环境与制造业企业全球价值链地位提升——基于溢出效应理论的研究［J］.产业经济研究，2020（6）.

[11] 郭凯明，杭静，颜色．中国改革开放以来产业结构转型的影响因素［J］．经济研究，2017（3）．
[12] 郭凯明，潘珊，颜色．新型基础设施投资与产业结构转型升级［J］．中国工业经济，2020（3）．
[13] 郭帅，银成钺，张宁．生产性服务业FDI对我国制造业效率的影响——基于交通基础设施水平的门槛效应［J］．税务与经济，2018（6）．
[14] 郭勇．国际金融危机、区域市场分割与工业结构升级——基于1985—2010年省际面板数据的实证分析［J］．中国工业经济，2013（1）．
[15] 韩德超．生产性服务业FDI对工业企业效率影响研究［J］．统计研究，2011（2）．
[16] 韩德超．生产性服务业FDI对工业效率影响的实证研究——基于行业的动态面板模型分析［J］．科技进步与对策，2012（5）．
[17] 何青松，王冬梅，蔡琳．改革开放背景下FDI技术溢出效应及其阶段性变化［J］．山东大学学报（哲学社会科学版），2012（2）．
[18] 侯欣裕，孙浦阳，杨光．服务业外资管制、定价策略与下游生产率［J］．世界经济，2018（9）．
[19] 胡俊．地区互联网发展水平对制造业升级的影响研究［J］．软科学，2019（33）．
[20] 黄满盈．中国双边金融服务贸易出口潜力及贸易壁垒研究［J］．数量经济技术经济研究，2015（2）．
[21] 矫萍，林秀梅．生产性服务业FDI与制造业FDI协同集聚对制造业增长的影响［J］．经济问题探索，2016（6）．
[22] 黎峰．双重价值链嵌入下的中国省级区域角色——一个综合理论分析框架［J］．中国工业经济，2020（1）．
[23] 李贤珠．中韩产业结构高度化的比较分析——以两国制造业为例［J］．世界经济研究，2010（10）．
[24] 李小帆，马弘．服务业FDI管制与出口国内增加值：来自跨国面板的证据［J］．世界经济，2019（5）．
[25] 林正静，左连村．进口中间品质量与企业生产率：基于中国制造业企业的研究［J］．南方经济，2018（11）．
[26] 刘兵权，王耀中，文凤华．开放经济下现代生产性服务业、高端制造业与产业安全［J］．社会科学家，2011（5）．
[27] 刘广威．服务业开放、制度与企业创新——来自上市公司的证据［J］．上海经济，2019（4）．
[28] 刘庆林，白洁．中国服务贸易壁垒测度：基于频度分析的方法［J］．财贸

经济，2014（1）.
［29］ 刘瑞明. 国有企业、隐性补贴与市场分割：理论与经验证据［J］. 管理世界，2012（4）.
［30］ 卢福财，金环. 互联网是否促进了制造业产品升级——基于技术复杂度的分析［J］. 财贸经济，2020（5）.
［31］ 陆铭，陈钊. 分割市场的经济增长——为什么经济开放可能加剧地方保护?［J］. 经济研究，2009（5）.
［32］ 罗军. 生产性服务进口与制造业全球价值链升级模式——影响机制与调节效应［J］. 国际贸易问题，2019（8）.
［33］ 吕越，盛斌，吕云龙. 中国的市场分割会导致企业出口国内附加值率下降吗［J］. 中国工业经济，2018（5）.
［34］ 吕越，黄艳希，陈勇兵. 全球价值链嵌入的生产率效应：影响与机制分析［J］. 世界经济，2017（3）.
［35］ 马盈盈. 服务贸易自由化与全球价值链：参与度及分工地位［J］. 国际贸易问题，2019（7）.
［36］ 毛其淋，盛斌. 对外经济开放、区域市场整合与全要素生产率［J］. 经济学（季刊），2012（1）.
［37］ 蒙英华，尹翔硕. 生产者服务贸易与中国制造业效率提升——基于行业面板数据的考察［J］. 世界经济研究，2010（7）.
［38］ 倪红福. 全球价值链位置测度理论的回顾和展望［J］. 中南财经政法大学学报，2019（3）.
［39］ 牛志伟，邹昭晞. 比较优势动态转换与产业升级——基于中国制造业发展指标的国际比较［J］. 改革，2020（2）.
［40］ 邱爱莲，崔日明. 生产性服务贸易对中国制造业TFP提升的影响：机理与实证研究——基于面板数据和分行业进口的角度［J］. 国际经贸探索，2014（10）.
［41］ 沙文兵，汤磊. 生产者服务业FDI对中国制造业创新能力的影响——基于行业面板数据的经验分析［J］. 国际商务，2016（1）.
［42］ 盛斌，陈帅. 全球价值链、出口国内附加值与比较优势：基于跨国样本的研究［J］. 东南大学学报（哲学社会科学版），2016（6）.
［43］ 盛斌. 建设国际经贸强国的经验与方略［J］. 国际贸易，2015（10）.
［44］ 石喜爱，季良玉，程中华. “互联网+”对中国制造业转型升级影响的实证研究——中国2003—2014年省级面板数据检验［J］. 科技进步与对策，2017（22）.
［45］ 舒杏，王佳. 生产性服务贸易自由化对制造业生产率的影响机制与效果研

究 [J]. 经济学家，2018 (3).
[46] 孙浦阳，侯欣裕，盛斌. 服务业开放、管理效率与企业出口 [J]. 经济研究，2018 (7).
[47] 唐东波. 垂直专业化贸易如何影响了中国的就业结构? [J]. 经济研究，2012 (8).
[48] 王弟海，龚六堂. 幼稚产业的发展路径及其政府政策的分析 [J]. 数量经济技术经济研究，2006 (3).
[49] 王菁，齐俊妍. 生产者服务贸易与制造业价值链提升——一个理论模型 [J]. 经济问题探索，2015 (4).
[50] 王胜，王俊. 生产性服务进口对提升中国制造业国际分工地位的影响 [J]. 开放经济研究，2018 (1).
[51] 王孝松，陈冰洁. 中印服务贸易竞争力：差距源自何处 [J]. 财经科学，2018 (1).
[52] 王勇. "十四五" 时期中国产业升级的新机遇与新挑战：新结构经济学的视角 [J]. 国际经济评论，2021 (1).
[53] 王振国，张亚斌，单敬，等. 中国嵌入全球价值链位置及变动研究 [J]. 数量经济技术经济研究，2019 (10).
[54] 魏浩，李翀，赵春明. 中间品进口的来源地结构与中国企业生产率 [J]. 世界经济，2017 (6).
[55] 温忠麟，张雷，侯杰泰，等. 中介效应检验程序及其应用 [J]. 心理学报，2004 (5).
[56] 肖宇，夏杰长，倪红福. 中国制造业全球价值链攀升路径 [J]. 数量经济技术经济研究，2019 (11).
[57] 谢慧，黄建忠. 服务业管制改革与制造业生产率——基于三水平多层模型的研究 [J]. 国际贸易问题，2015 (2).
[58] 邢彦，张慧颖. 生产性服务业 FDI 与制造业出口技术进步——基于知识产权保护的门槛效应 [J]. 科学学与科学技术管理，2017 (8).
[59] 徐保昌，谢建国. 市场分割与企业生产率：来自中国制造业企业的证据 [J]. 世界经济，2016 (1).
[60] 许家云，毛其淋，胡鞍钢. 中间品进口与企业出口产品质量升级：基于中国证据的研究 [J]. 世界经济，2017 (3).
[61] 杨玲. 破解困扰 "中国制造" 升级的 "生产性服务业发展悖论" 的经验研究 [J]. 数量经济技术经济研究，2017 (7).
[62] 杨汝岱. 中国制造业企业全要素生产率研究 [J]. 经济研究，2015 (2).
[63] 姚战琪. 发展生产性服务业与提升中国产业国际竞争力 [J]. 学习与探索，

2014（4）.
［64］ 余东华，张昆．要素市场分割、产业结构趋同与制造业高级化［J］．经济与管理研究，2020（1）.
［65］ 袁田，杨永春，史坤博，等．中国经济制度转型对制度供给的时空响应——基于非国有经济视角［J］．地域研究与开发，2018（3）.
［66］ 原毅军，郭然．生产性服务业集聚、制造业集聚与技术创新——基于省级面板数据的实证研究［J］．经济学家，2018（5）.
［67］ 张辉，闫强明，黄昊．国际视野下中国结构转型的问题、影响与应对［J］．中国工业经济，2019（6）.
［68］ 张杰，张培丽，黄泰岩．市场分割推动了中国企业出口吗？［J］．经济研究，2010（8）.
［69］ 张鹏杨，唐宜红．FDI如何提高我国出口企业国内附加值？——基于全球价值链升级的视角［J］．数量经济技术经济研究，2018（7）.
［70］ 张艳，唐宜红，周默涵．服务贸易自由化是否提高了制造业企业生产效率［J］．世界经济，2013（11）.
［71］ 张翊，陈雯，骆时雨．中间品进口对中国制造业全要素生产率的影响［J］．世界经济，2015（9）.
［72］ 钟建军．进口中间品质量与中国制造业企业全要素生产率［J］．中南财经政法大学学报，2016（3）.
［73］ 周大鹏．制造业服务化对产业转型升级的影响［J］．世界经济研究，2013（9）.
［74］ 周密，何曼青．国际经贸规则重构与我国服务业扩大开放对策［J］．中国外资，2019（23）.
［75］ 周念利．中国服务业改革对制造业微观生产效率的影响测度及异质性考察——基于服务中间投入的视角［J］．金融研究，2014（9）.
［76］ ACEMOGLU D，GUERRIERI V. Capital deepening and nonbalanced economic growth［J］. Journal of Political Economy，2008，116（3）.
［77］ AMITI M，WEIS. Fear of services outsourcing：is it justified?［J］. Economic Policy，2005，20（42）.
［78］ ANTRÀS P，CHOR D，FALLY T，et al. Measuring the upstreamness of production and trade flows［J］. American Economic Review，2012，102（3）.
［79］ ARIU A，BREINLICH H，CORCOS G，et al. The interconnections between services and goods trade at the firm-level［J］. Journal of International Economics，2019，116.

[80] ARIU A. Crisis-proof services: why trade in services did not suffer during the 2008—2009 collapse [J]. Journal of International Economics, 2006, 98 (1).

[81] ARNOLD J, JAVORCIK B, MATTOO A . The productivity effects of services liberalization: evidence from the Czech Republic [J]. Journal of International Economics, 2011, 85.

[82] ARNOLD J, JAVORCIK B, MATTOO A. Services reform and manufacturing performance: evidence from India [J]. Economic Journal, 2016, 126.

[83] BEATA S, JAVORCIK, LI Y. Do the biggest aisles serve a brighter future? global retail chains and their implications for Romania [J]. Journal of International Economics , 2013.

[84] BEKTYAKOVA K, KONRAD D. International supply of services: panel dataset for mode 3 estimation [R]. Geneva: WTO, Research and Statistics Division, 2015.

[85] BEVERELLI C, FIORIN M, HOEKMAN B. Services trade policy and manufacturing productivity: the role of institutions [J]. Journal of International Economics, 2017, 104.

[86] BORCHERT B, GOOTIIZ, MATTOO A. Policy barriers to international trade in services: evidence from a new database [M]. The World Bank, 2012.

[87] BOURLES R, CETTE G, LOPZE J, et al. Do product market regulations in upstream sectors curb productivity growth? panel data evidence for OECD countries [J]. Review of Economics and Statistics, 2013, 95.

[88] BRANDT L, THUN E. Constructing a ladder for growth: policy, markets, and industrial upgrading in China [J]. World Development, 2016, 80.

[89] BUERAF J, KABOSKI J P. Scale and the origins of structural change [J]. Journal of Economic Theory, 2012, 147 (2).

[90] CERNATL. KUTLINA - DIMITROVA Z. Thinking in a box: a mode 5 approach to service trade [J]. Journal of World Trade, 2014, 48 (6).

[91] COSIMO B, MATTEO F, BERNARD H. Services trade policy and manufacturing productivity: the role of institutions [J]. Journal of International Economics, 2017, 104.

[92] DAZHONG C, ZHIGUO X. Producer services and productivity: a global value chain perspective [J]. Review of Income and Wealth, 2020 (1).

[93] DUGGAN V, RAHARDJA S, VARELA G. Service sector reform and manufacturing productivity: evidence from Indonesia [R]. World Bank Policy Research Working Paper, 2013.

[94] FERNANDES A M, PAUNOV C. Foreign direct investment in services and manufacturing productivity: evidence for Chile [J]. Journal of Development Economics, 2012, 97 (2).

[95] FINK C, MATTOO A, RATHINDRAN R. An assessment of telecommunications reform in developing countries [J]. Information Economics and Policy, 2003, 15 (4).

[96] FOELLMI R, ZWEIMULLER J. Structural change, engel's consumption cycles and kaldor's facts of economic growth [J]. Journal of Monetary Economics, 2008, 55 (7).

[97] FRANCOIS J, MANCHIN M, TOMBERGER P. Services linkage and the value added content of trade [J]. The World Economy, 2005b, 38 (11).

[98] FRANCOIS J, WOERZ J. Producer services, manufacturing linkages, and trade [J]. Journal of Industry, Competition and Trade, 2008, 8 (3-4).

[99] FRANCOIS J, HOEKMAN B . Services trade and policy [J]. Journal of Economic Literature, 2010, 48 (3).

[100] GUERRIERI P, MAGGI B, MELICIANI V, et al.Technology diffusion, services and endogenous growth in Europe: is the lisbon strategy useful? [R]. Bruges Eurpocan Economic Research Papers, 2005.

[101] HALPERN L, KOREN M, SZEIDL A. Imported inputs and productivity [J]. American Economic Review, 2015, 105 (12).

[102] HEAD K, RIES J. Increasing returns versus national product differentiation as an explanation for the pattern of US-Canada trade [J]. American Economic Review, 2001, 91 (4).

[103] HANSSENS H, DERUDDER B, WITLOX. Managing organizational and geographical complexity: the positionality of advanced producer services in the globalizing economies of metropolitan regions [J]. Unesco, 2012, 66 (1).

[104] HELPMAN E. Trade, FDI, and the organization of firms [J]. Journal of Economic Literature, 2006, 44 (3).

[105] HELPMAN E, MELITZ M, YEAPLE S. Export versus FDI with

heterogeneous firms [J]. American Economic Review, 2004, 94 (1).

[106] HOEKMAN B, VELDe D W. Trade in services and economic transformation: a new development policy priority [R]. London, Overseas Development Institute, 2017a.

[107] HOEKMAN B, SHEPHERD B. Services productivity, trade policy and manufacturing exports [J]. The World Economy, 2017b, 40.

[108] HOLGER B, CRISCUOLO C. International trade in services: a portrait of importers and exporters [J]. Journal of International Economics, 2011, 84 (2).

[109] HUERGO E, JAUMANDREU J. Firms' age, proccess innovation and productivity growth [J]. International Journal of Industrial Organization, 2004, 22 (4).

[110] JAVORCIK S, BEATA, LI Y. Do the biggest aisles serve a brighter future? global retail chains and their implications for Romania [J]. Journal of International Economics, 2013, 90 (2).

[111] JOHNSON R C, NOGUERA G. Accounting for intermediates: production sharing and trade in value added [J]. Journal of International Economics, 2012, 86 (2).

[112] KASAHARA H, RODRIGUE J. Does the use of imported intermediates increase productivity? plant-level evidence [J]. Journal of Development Economics, 2008, 87 (1).

[113] HSIEH C T, KLENOW P J. Relative prices and relative prosperity [J]. American Economic Review, 2007, 97 (3).

[114] KOOPMAN R, WANG Z, WEI S J. Tracing value-added and double counting in gross exports [J]. American Economic Review, 2014, 104 (2).

[115] KREMER S, BICK A, NAUTZ D. Inflation and growth: new evidence from a dynamic panel threshold analysis [J]. Empirical Economics, 2013, 44 (2).

[116] LEVINSOHN J, PETRIN A. Estimating production functions using inputs to control for unobservables [J]. The Review of Economic Studies, 2003, 70 (2).

[117] LIU X, MATTOO A, WANG Z, et al. Service development and comporative advantage in manufacturing [R]. NBER Working Paper, 2020, No.26542.

[118] LODEFALK M. The role of services for manufacturing firm exports [J]. Review of World Economics, 2014, 150 (1).

[119] Marcouiller A D. Insecurity and the pattern of trade: an empirical investigation [J]. Review of Economics & Statistics, 2002, 84 (2).

[120] MARIOTTI S, NICOLINI M, PISCITELLO L. Vertical linkages between foreign MNEs in service sectors and local manufacturing firms [J]. Structural Change and Economic Dynamics, 2013, 25.

[121] MARKUSEN J, STRAND B. Adapting the knowledge-capital model of the multinational enterprise to trade and investment in business services [J]. The World Economy, 2009, 32 (1).

[122] Markusen J, Rutherford T F, Tarr D. Trade and direct investment in producer services and the domestic market for expertise [J]. Canadian Journal of Economics, 2005, 38 (3).

[123] MARKUS K, KLEINERT J, RAFF H. Cross-border and foreign affiliate sales of services: evidence from German microdata [J]. The World Economy, 2013, 36 (11).

[124] MATSUYAMA K. Structural change in an interdependent world: a global view of manufacturing decline [J]. Journal of the European Economic Association, 2009, 7 (2-3).

[125] MATTOO A, RATHINDRAN R, SUBRAMANIAN A. Measuring services trade liberalization and its impact on economic growth: an illustration [J]. Journal of Economic Integration, 2006, 21 (1).

[126] MELITZ M. The impact of trade on intra-industry reallocations and aggregate industry productivity [J]. Econometrica, 2003, 71.

[127] MENG B, WANG Z, KOOPMAN R. How are global value chains fragmented and extended in China's domestic production networks [R]. Ide Discussion Papers, 2013.

[128] NGAI L R, PISSARIDES A. Structural change in a multisector model of growth [J]. American Economic Review, 2007, 97 (1).

[129] NORDAS H K, ROUZET D. The impact of services trade restrictiveness on trade flows: first estimates [R]. OECD Trade Policy Papers, 2015.

[130] OSPINA S, SCHIFFBAUER M. Competition and firm productivity: evidence from firm-level data [R]. IMF Working Paper, WP/10/67, 2010.

[131] RAFF H, RUHR V M. Foreign direct investment in producer services:

theory and empirical evidence [J]. Applied Economics Quarterly, 2007, 53 (3).

[132] REN H L, LIUH H. A study on the impact of productive service trade on the international competitiveness of manufacturing industry: an empirical analysis based on China [J]. Technology & Innovation Management, 2010, 30 (5).

[133] KOOPMAN B, WANG Z, WEI S. Estimating domestic content in exports when processing trade is pervasive [J]. Journal of Development Economics, 2012, 99 (1).

[134] ROBINSON S, WANG Z, MARTIN W. Capturing the implications of services trade liberalization [J]. Economic Systems Research, 2002, 14 (1).

[135] Selwyn B. An historical materialist appraisal of Friedrich List and his modern-day followers [J]. New Political Economy, 2009, 2.

[136] SEO M H, SHIN Y. Dynamic panels with threshold effect and endogeneity [J]. Journal of Econometrics, 2016, 195 (2).

[137] SHEPOTYLO O, VAKHITOV V. Services liberalization and productivity of manufacturing firms: evidence from Ukraine [J]. Economics of Transition, 2015, 23 (1).

[138] SWIECKI T. Determinants of structural change [J]. Review of Economic Dynamics, 2017, 24.

[139] UY T, YI K M, ZHANG J.Structural change in an open economy [J]. Journal of Monetary Economics, 2013, 60 (6).

[140] VAN B I. Total factor productivity estimation: a practical review [J]. Journal of Economic Surveys, 2012, 26 (1).

[141] WANG Z, WEI S J, ZHU K. Quantifying international production sharing at the bilateral and sector levels [R]. NBER Working Paper, 2013.

[142] WANG Z, WEI S J, YU X D, et al. Characterizing global value chains: production length and upstreamness [R]. NBER Working Paper, 2017.

[143] WETTSTEIN S, LIBERATORE A, MAGDELEINE J. A global trade in services data set by sector and by mode of supply [R]. WTO Working Paper, 2019.

# 后记

本书是我在东北财经大学参加工作后的第二部专著。本书成果的完成和得以付梓，一路走来的收获与成长，想感谢的人很多。

首先，感谢我于东北财经大学应用经济学博士后流动站工作期间的合作导师阙澄宇教授。感谢您的接纳，让我有机会在东北财经大学开展博士后研究工作，在站期间您虽然工作繁忙，但总愿抽出时间为我指点迷津；感谢您鼓励我在自己擅长的领域进行探索和深耕，让我得以在科研领域不断进步；感谢您在生活和工作上对我的勉励，点点滴滴的温暖将会一直激励我做一名好老师、做一位优秀的科研工作者，并成为一个勇敢的人。能够有机会成为您的学生，于我而言，不仅是一段难忘的人生经历，更是一件幸福和幸运的事情。

其次，感谢东北财经大学国际经济贸易学院的领导和同事们给予的支持和帮助。他们是王绍媛教授、姜文学教授、隋晶书记、李军华书记、任伟书记、施锦芳教授、苏杭教授、鄂立彬副教授、刘伟老师等，感谢他们在我初来乍到时关心和帮助我，在我困惑迷茫时为我指点迷津，在我犹豫不决时鼓励我慨然前行。

最后，感谢我的博士生导师丁一兵教授、我的爱人、家人和学生们，是你们的理解、支持、关心和陪伴让我时刻充满幸福，并感悟着生活的美好。

本书的出版还得到了东北财经大学科研处和国际经济贸易学院的相关经费支持，得到东北财经大学出版社李彬老师的悉心帮助，在此一并感谢。

这是一个全球经济发展充满不确定性的时代，而我很幸运地拥有了无数的确定性。愿所有我爱的人和爱我的人都健康、幸福、快乐！

**傅缨捷**

2022 年 10 月于东北财经大学